Lutz / Struckmeyer (Hg.)

erzählkultur

Materialien zur Medienpädagogik Band 9
Herausgegeben vom JFF – Institut für
Medienpädagogik in Forschung und Praxis

Klaus Lutz / Kati Struckmeyer (Hg.)

erzählkultur

Sprachkompetenzförderung durch aktive Medienarbeit

KOPAED, MUENCHEN
WWW.KOPAED.DE

Das Projekt „erzählkultur" wurde realisiert vom
JFF - Institut für Medienpädagogik in Forschung und Praxis

in Kooperation mit dem Medienzentrum Parabol.

Finanziert wurde „erzählkultur" von der Aktion Mensch.

ISBN 978-3-86736-248-1
Fotos: Fotos und Abbildungen aus den Projekten
Druck: Kessler Druck, Bobingen

© kopaed 2010
Pfälzer-Wald-Str. 64, 81539 München
Fon: 089. 688 900 98 Fax: 089. 689 19 12
e-mail: info@kopaed.de Internet: www.kopaed.de

Bibliografische Information Der Deutschen Nationalbibliothek Die Deutsche Nationalbibliothek verzeichnet diese Publikation in der Deutschen Nationalbibliografie; detaillierte bibliografische Daten sind im Internet über http://dnb.ddb.de abrufbar

Inhalt

Prolog
Martin Ellrodt ... 7

Einleitung
Klaus Lutz und Kati Struckmeyer ... 9

Teil 1 Theoretische Grundlagen zu Medien und Sprache

Sich mit Medien artikulieren: Ein Schlüssel zu souveräner Lebensführung
Helga Theunert ... 13

Sprachentwicklung im Kindesalter
Dieter Spanhel ... 23

Die Entwicklung narrativer Kompetenzen, oder: Wie das erzählende Ich entsteht
Gudula List ... 37

Ganzheitlichkeit als Grundprinzip der Medienpädagogik
Günther Anfang und Kathrin Demmler ... 47

„Dann müsst ihr die CD feuern" Wie viel Sprache steckt in aktiver Medienarbeit?
Petra Best ... 55

Teil 2 Medienprojekte mit dem Fokus der Sprachkompetenzförderung Handreichungen für die Praxis

Medienprojekte zur Sprachkompetenzförderung mit kleinen Kindern von drei bis fünf Jahren
Kati Struckmeyer ... 67

    Fotoprojekte mit kleinen Kindern
    Kati Struckmeyer ... 69

    Audioprojekte mit kleinen Kindern
    Kati Struckmeyer ... 75

    Videoprojekte mit kleinen Kindern – Trickfilm
    Kati Struckmeyer ... 81

Medienprojekte zur Sprachkompetenzförderung mit Vorschulkindern von fünf bis sechs Jahren
Kati Struckmeyer ... 87

    Fotoprojekte mit Vorschulkindern
    Kati Struckmeyer ... 89

    Audioprojekte mit Vorschulkindern
    Klaus Lutz ... 93

    Videoprojekte mit Vorschulkindern – Trickfilm
    Kati Struckmeyer ... 99

    Multimediaprojekte mit Vorschulkindern
    Klaus Lutz ... 103

Medienprojekte zur Sprachkompetenzförderung mit Grundschulkindern
von sieben bis zehn Jahren
Klaus Lutz 107
    Fotoprojekte mit Grundschulkindern
    Kati Struckmeyer 109
    Audioprojekte mit Grundschulkindern
    Klaus Lutz 115
    Videoprojekte mit Grundschulkindern
    Klaus Lutz 119
    Multimediaprojekte mit Grundschulkindern
    Klaus Lutz 123

Epilog
Martin Ellrodt 127

Anhang

Handout – Trickfilmproduktion 129

AutorInnenverzeichnis 133

Martin Ellrodt

Prolog

Lange saß die Runde nach dem Essen noch am Feuer beieinander, ein Dutzend Erwachsene und eben so viele Kinder, denn es gab viel zu erzählen: der Teil des Stammes, der zuhause in der Höhle geblieben war, wollte von den anderen hören, was sie erlebt hatten. Also erzählten sie: wie erfolgreich und geschickt sie an der Tränke auf die Bisons und Pferde Jagd gemacht hatten; warum Tuvas mit einem verstauchten Knöchel zurück gekommen war; wie Arta so wunderbar die Enten nachgemacht hatte, dass ihnen ein Erpel bis zur Höhle hinterher geflattert war; und, wieder und wieder, wie Joj es geschafft hatte, auf einem Mammutfladen auszurutschen und mit dem Oberkörper in einem zweiten zu landen.

Als der Tag und alles, was er gebracht hatte, zur Genüge besprochen und betrachtet worden war, bat Tuva den alten Fen, von früher zu erzählen: von der großen Wanderung, die ihr Volk hinter sich gebracht hatte, lange bevor die Anwesenden geboren worden waren. Fen selbst hatte sie von seiner Mutter gehört, und die wiederum kannte sie von ihrem Vater. Geschichten von noch früher, vom Anfang der Welt, als Himmel und Erde miteinander die Menschen gezeugt hatten. Fen wickelte sich fest in seinen Mantel aus Fell, denn vom Eingang der Höhle strich die kalte Nachtluft herein. Dann erzählte er. Lange.

Als Fen ans Ende seiner letzten Geschichte gekommen war, blieb es still in der Höhle. Die Kinder schliefen, die Erwachsenen schauten in die Flammen des Lagerfeuers und hingen ihren Gedanken und Träumen nach.

Schon wollte der erste aufstehen und sich auf sein Lager zurückziehen, da fing Isun, der den ganzen Tag nicht viel gesagt hatte, an zu sprechen: „Als ich gestern Nacht noch allein am Feuer saß, da habe ich plötzlich in den Flammen etwas gesehen..." Die anderen nickten, das war den meisten schon so gegangen. „Was hast Du gesehen, Isun?", fragte einer. „Dinge, wie ich sie noch niemals erlebt habe: ich sah hohe, schmale Felsen mit Hunderten von Öffnungen, in denen Menschen lebten. Diese Menschen waren größer als wir, und ihre Kleider waren bunt wie Blumen. Durch die Schluchten zwischen den Bergen bewegten sich große Tiere, die manche Menschen in sich aufnahmen und andere unversehrt wieder von sich gaben. Am Himmel flogen riesige Vögel, mit großem Lärm und weißen Schwänzen, die fast über den ganzen Himmel reichten. Ich konnte alles sehen und riechen und hören, so, als wäre ich dort gewesen." Die anderen lauschten mit offenem Mund. Schließlich lachte einer und sagte: „Deine Träume möchte ich haben, Isun!" Isun lächelte und schwieg. Schließlich erhoben sich alle, um schlafen zu gehen. Nur Isun blieb noch sitzen, zwischen seinen Fingern drehte er etwas, das er im Laufe des Tages aus Holz geschnitzt hatte: das Modell eines Körperteils jener seltsamen großen Tiere, die Menschen fraßen und wieder ausspuckten, zwei runde Scheiben, die durch eine Stange in der Mitte verbunden waren. Isun drehte die Scheiben hin und her und beschloss: „Ich werde es ‚Rad' nennen." Dann ging auch er zu seinem Lager.

Klaus Lutz und Kati Struckmeyer

Einleitung

Begleitet man Kinder beim Aufwachsen, so gibt es wohl kaum etwas Erstaunlicheres als die Entwicklung von den ersten Lautäußerungen bis hin zum Erlernen der Muttersprache. Vielen Eltern ist der Tag, an dem das Kind zum ersten Mal Mama oder Papa verlauten lässt, und die damit verbundene Freude unauslöschbar in das Gedächtnis eingebrannt. Nun beginnt auch die Zeit der lustigen Wortschöpfungen wie z.B. Luftabalon für Luftballon oder Delfophine für Delfine. Im Verlauf der weiteren Sprachentwicklung ist dann die Zeit der „Warum-Fragen" die wohl anstrengendste für die Eltern und so mancher Elternteil wünscht sich nach der Beantwortung der siebenundzwanzigsten Frage aus der Kategorie „Warum ist das Wasser blau?" sicherlich insgeheim die Zeit zurück, in der der Sprössling sich bei seinen Äußerungen auf Mama und Papa beschränkt hatte. Aber solche Überlegungen sind meist nur von kurzer Dauer und die Freude über die fortschreitende Entwicklung überwiegt bei Weitem. Die zunehmenden Sprachfähigkeiten der Kinder eröffnen den Erwachsenen zunehmend ungeahnte Einsichten in die Vorstellungswelt der Kinder.

Wobei gelegentlich auch eine Portion Glück dazu gehört, treffsicher zu erraten, was das Kind mit der gekonnten Formulierung „da war ich bei der Oma und habe Pommes gegessen; das war zweimal zurückschlafen" meinen könnte und auf ratlos-fragende Blicke huldvoll präzisiert „na, übergestern!"

Oft wird auch von den Erwachsenen unterschätzt, dass die Kinder auch dann Unterhaltungen aufmerksam zuhören, wenn sie anscheinend tief im Spiel versunken sind. Wer hier nicht rechtzeitig auf verklausulierte Darstellungen ausweicht oder Fremdsprachen verwendet, wird sich dann gegebenenfalls damit konfrontiert sehen, dass die Kinder z.B. beim gemütlichen sonntäglichen Kaffeetrinken mit der Verwandtschaft unaufgefordert mitteilen, dass der Opa ein alter Geizkragen ist und noch eines Tages an seinem Geld ersticken wird.

Sprache ist also weit mehr, als nur abstraktes Regelwissen. Sie bestimmt vielmehr entscheidend den Zugang zu unseren Mitmenschen und ist somit zentrales Werkzeug zur Aneignung der Welt. Dr. Reinhard Pirschel bringt dies treffend auf den Punkt: „Sprache ist der komplizierteste und gleichzeitig der einzige wirkliche Zugang des Menschen zu anderen und zur Welt. Keine andere menschliche Begabung ist ihr gleich, keine andere kann so die Welt gestalten wie sie." (Reinhard Pirschel: Spracherwerb als Bildungsauftrag in KiTa aktuell BY Nr. 5/2003) Aus dieser Erkenntnis wächst aber auch die pädagogische Verantwortung, Kinder bei ihrem Spracherwerb zu unterstützen und geeignete Förderungen bei fehlender Sprachkompetenz anzubieten.

Da die Medien eine zentrale Rolle in der Kommunikation spielen und gleichzeitig in der Welt von Kindern fest verankert sind, liegt es nahe, die Medien als Instrument der Sprach- und Kommunikationsförderung jenseits von reinem Regelwissen zu nutzen.

Im Rahmen des Projekts „erzählkultur – Sprachkompetenzförderung durch aktive Medienarbeit" wurde versucht, Kinder mit Medien in ihrer Sprachentwicklung zu fördern. Die vorliegende Publikation bündelt und systematisiert die gemachten Erfahrungen. Das Projekt entstand aus der gemeinsamen Praxis von MitarbeiterInnen des JFF – Institut für Medienpädagogik und des Medienzentrum Parabol.

Der konzeptionelle Ansatz des Projekts war es, durch aktive Medienarbeit Kommunikations- und Sprechanlässe für Kinder im Alter von 4 bis 10 Jahren – insbesondere Kinder mit Migrationshintergrund – zu schaffen, um damit ihre Sprach-, Medien- sowie ihre soziale Kompetenz zu fördern. Dabei lag der Fokus darauf, was die aktive Medienarbeit im Bereich der Sprachkompetenzförderung leisten kann, wo ihre Stärken liegen und welche Anknüpfungspunkte es zu bereits bestehenden Modellen der Sprachkompetenzförderung gibt.

Die Kinder konnten während der Projekte Medien als kreatives Werkzeug entdecken, um ihre Meinung auszudrücken und sie als Sprachrohr für ihre Interessen zu nutzen. Die Medien, welche die Kinder in Gebrauch hatten, konnten in einem pädagogischen Kontext spielerisch von ihnen entdeckt und für sich vereinnahmt werden. Dieser Prozess, der sie von der rein konsumierenden Rolle in eine aktive Rolle versetzte, wurde in jedem Projekt mit einem Produkt abgeschlossen, auf das die Kinder stolz sein konnten. Sprache sollte darüber hinaus nicht didaktisiert, sondern die Lust und Freude am Sprechen, Erzählen, Zuhören und Mit-Sprache-Spielen geweckt und gesteigert werden.

Zur Verwirklichung dieser Hauptziele wurden im Zeitraum Januar 2007 bis Dezember 2008 18 Modellprojekte an Kindergärten, Schulen, Horten und außerschulischen Institutionen – verteilt auf die Großräume München und Nürnberg – durchgeführt. Nach zwei Jahren Projektlaufzeit bestätigten die zahlreichen positiven Rückmeldungen von Kindern, Pädagoginnen und Pädagogen, Eltern sowie der Presse- und Fachwelt die sprachfördernden Potenziale von Projekten aktiver Medienarbeit. Aus der Projektauswertung besonders hervorzuheben sind zum einen das Motivationspotenzial und der Aufforderungscharakter, den Medien für alle Kinder, besonders aber für leistungsschwächere oder benachteiligte Kinder haben. Darüber hinaus waren fast alle Kinder in den Projekten sprachlich aktiver als sonst, konnten die Wahrnehmung ihrer eigenen Stimme sensibilisieren, Bewusstsein für die Rolleneinnahme beim Erzählen gewinnen, sowie sich im freien Sprechen und Erzählen üben und verbessern. Wichtig bei jedem Projekt mit Kindern ist die Abschlusspräsentation, z.B. vor den Eltern und Verwandten, anderen Kindergartenkindern und Freunden. Sie gibt den Kindern bereits während des Projekts zusätzliche Motivation und ist sehr wichtig für das Selbstbewusstsein der kleinen Medienproduzentinnen und -produzenten. Schließlich gibt es kaum etwas Schöneres, als für seine Arbeit auch von denen gelobt und gerühmt zu werden, die beim Produzieren nicht dabei waren und überrascht und begeistert vom Ergebnis sind. In der Projektauswertung wurde weiterhin klar, dass die Lust und der Mut der meisten Kinder, mit Medien zu experimentieren, wuchsen und sie Einblicke in die Entstehungs- und Gestaltungsprozesse von Medien erhielten. Betont sei darüber hinaus vor allem die Steigerung des Selbstbewusstseins der Kinder – zum einen durch den Stolz auf das Medienprodukt an sich, zum anderen durch die Abschlusspräsentation.

Die modellhaften medienpädagogischen Praxisprojekte, die während „erzählkultur" entwickelt, in Kindergarten, Hort und Grundschule durchgeführt, ausgewertet und dokumentiert wurden, sind für diese Publikation aufgearbeitet und im zweiten Teil des Buches als Projektkonzepte aufbereitet worden. Es finden sich zu jedem Projekt ein kurzer Steckbrief mit den Rahmenbedingungen, eine ausführliche Beschreibung zu Ablauf und Zielsetzungen sowie Fotos zur Veranschaulichung der Durchführung und der Ergebnisse.

Zuvor werden im ersten Teil des Buches jedoch die theoretischen Grundlagen zu Medien und Sprache aus verschiedenen Perspektiven erläutert.

Teil 1

Theoretische Grundlagen zu Medien und Sprache

Helga Theunert

Sich mit Medien artikulieren:
Ein Schlüssel zu souveräner Lebensführung

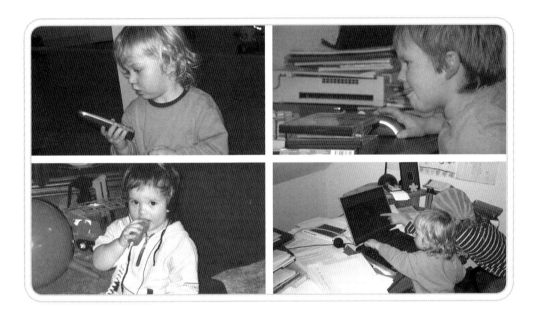

Die obige Bilderreihe deutet es an: Mit der dinglichen und sozialen Welt entdecken Kinder sukzessive auch die Medien. Das geschieht zwangsläufig, denn Medien sind in den persönlichen Alltag integriert und mit diesem auf's Engste verwoben. Sie begleiten den Prozess des Aufwachsens und das weitere Leben in vielfältigen Funktionen als Unterhalter, Informant, Lehrer, Kommunikationsstifter, Interaktionsraum. Die medialen Begleiter wechseln die Gestalt und variieren in den Inhalten und Tätigkeiten, die Gewicht für den Einzelnen und in seinem sozialen Umfeld erlangen. Immer aber ist ihr Gebrauch eingebettet in die persönlichen Lebensvollzüge, immer gestaltet der Mediengebrauch diese mit und immer hat er Bedeutung für die Entdeckung der Welt, für ihre Aneignung und für die Positionierung in ihr. Auch das ist zwangsläufig, denn Medien sind eine konstituierende Größe unserer Gesellschaft, die nicht von ungefähr als Mediengesellschaft tituliert wird. Medien gestalten das öffentliche Leben, sie sind Machtinstrumente, Mittel der Aufklärung ebenso wie das Gegenteil und mehr denn je öffnen sie heute Chancen zur Teilhabe am sozialen Geschehen, zu Partizipation. Medien kompetent in Gebrauch nehmen zu können, sie als Kommunikations- und Artikulationsmittel zu nutzen, um sich in das eigene soziale Umfeld und in gesellschaftliche Diskurse einzubringen, ist eine Schlüsselqualifikation für eine souveräne Lebensführung in der Mediengesellschaft.

Das Kommunikationssystem Medien ist seinerseits verwoben mit dem für ein soziales Leben basalen Kommunikationssystem Sprache. Gesprochene und geschriebene Sprache konturieren unser primäres Verständigungssystem, dessen Beherrschung der Schlüssel für zwischenmenschliches Miteinander und den verstehenden Zugang zur Welt ist (vgl. List in diesem Band und Charlton 2007). Es ist auch

der Schlüssel für den verständigen Umgang mit der Medienwelt. Ohne Beherrschung des Kommunikationssystems Sprache bleiben die Botschaften der Medien unverstanden, können die medialen Informationsquellen nicht ausgeschöpft werden und die Medien können nicht als Kommunikationsmittel in Gebrauch genommen werden. Umgekehrt können die medialen Symbolsysteme, Bilder, Töne, Zeichen in ihren vielfältigen Kombinationen ihrerseits die Verständigung mittels Sprache und deren aktiven Gebrauch unterstützen und erweitern.
Im Alltag sind beide Kommunikationssysteme, Sprache und Medien, vielfach und vielfältig miteinander verwoben. Wer Medien nutzt, muss gesprochene und geschriebene Sprache entschlüsseln und anwenden können: Einer Hörgeschichte kann nur folgen, wer die Sprache, in der sie erzählt wird, versteht. Gehalt und Sinn von Fernsehnachrichten erschließen sich über das gesprochene Wort, die Bildelemente unterstützen, so sie denn mit dem Text zusammen passen. Der Gebrauch des Internets setzt das Lesen und Schreiben voraus, vielfach sogar in englischer Sprache. In den alltäglichen Mediengebrauch sind also viele Anlässe integriert, die das Beherrschen des Symbolsystems Sprache erfordern. Umgekehrt lässt sich die Begeisterung, die Kinder von klein auf für mediale Beschäftigungen zeigen, in vielfältiger Art und Weise nutzen, um das Verstehen des Kommunikationssystems Sprache auszudifferenzieren und dessen aktiven Gebrauch anzuregen. Denn mediale Botschaften müssen entschlüsselt werden, um sich damit Vergnügen oder Wissen aus ihnen schöpfen zu können und das erfordert gesprochene und geschriebene Sprache in ihrem Sinn zu verstehen. Zum aktiven Gebrauch von Sprache in Wort und Schrift motivieren zwei Umstände: Erstens der Austausch von Medienerlebnissen, der vor allem in der Gleichaltrigengruppe hohen Stellenwert hat. Er zwingt dazu, auch Gesehenes und Gehörtes, Empfundenes und Gedachtes in Worte zu fassen. Zweitens die von der heutigen Medienwelt bereitgestellten Möglichkeiten, sich selbst mit medialen Mitteln auszudrücken und anderen mitzuteilen. Dieser aktive Gebrauch von Medien als Artikulationsmittel wird auf der einen Seite durch eine immer einfacher zu handhabende Technik begünstigt, von den Möglichkeiten der digitalen Fotografie z.B. können so schon sehr junge Kinder profitieren. Auf der anderen Seite animieren soziale Vernetzungsangebote zum Plaudern im Chat, zur Selbstdarstellung in der Community, zur Meinungsäußerung im Forum usw. Gesprochene oder geschriebene Sprache ist unumgänglich wie im Chat oder kommt hinzu, wie in den Community-Profilen. Diese alltägliche Verbindung der Kommunikationssysteme Medien und Sprache lässt sich in (medien-) pädagogischen Prozessen nutzbar machen, um das Sich-Artikulieren in der Realität und über Medien anzuregen, und so Kommunikations-, Medien- und Sozialkompetenz in einem zu fördern.
Vor dem Hintergrund dieses Zusammenhangs wird im Folgenden zunächst illustriert, wie sich das Verhältnis von Kindern zur Medienwelt im Prozess des Heranwachsens gestaltet und wo sich in diesem Prozess die Verzahnung der Kommunikationssysteme Medien und Sprache zeigt. Des Weiteren wird erläutert, dass unter der Voraussetzung, dass Medienkompetenz als Teil kommunikativer Kompetenz begriffen wird, die Förderung von medienbezogenen Fähigkeiten immer auch mit der Förderung von kommunikativen Fähigkeiten in sozialen Handlungskontexten verwoben ist.

1. Die Entwicklung eines lebenslangen Verhältnisses: Heranwachsen mit Medien

Die Begegnung mit den Medien beginnt mit den ersten Lebenstagen, denn die Medien sind schon da, wenn das Kind in die Familie hineingeboren wird. Eltern, Geschwister und sonstige Bezugspersonen haben sie in Gebrauch, auch in Gegenwart des Säuglings. Da wird während des Stillens Musik gehört oder während des Wickelns laufen die Nachrichten oder das ältere Geschwister hat das Kind auf dem Schoß, während es am Computer spielt. So werden mit der Welt auch die Medien sukzessive entdeckt. Diese Entdeckungsreise geht recht rasant vonstatten. Die Mehrheit der Kinder hat bereits bei Eintritt in die Schule mit der gesamten verfügbaren Medienwelt mehr oder weniger intensive Bekanntschaft geschlossen und sie sich in beträchtlichen Teilen angeeignet, und zwar die einzelnen Medien ebenso wie die vernetzten Strukturen der konvergenten Medienwelt.

Den Beginn macht die Entdeckung der Medien als Gegenstände in der Umwelt. Im Säuglingsalter sind sie zunächst bloße Reizquellen. Die Säuglinge wenden sich diesen Geräusch- und Lichtquellen zu, mal scheinbar interessiert, mal scheinbar genervt (vgl. Theunert/Demmler 2007). Wie bei anderen Gegenständen auch folgen bald darauf die ersten Kontakte durch Ertasten und Erschmecken und durch Testen der Bruchsicherheit.

Nach dieser handgreiflichen Phase machen die Kinder die Beobachtung, dass mit diesen Gegenständen offenbar interessante Beschäftigungen verbunden sind. Da ist zum einen die eigene Erfahrung des gemeinsamen Bilderbuchanschauens. Sie bedeutet für das Kind einerseits eine Zuwendungssituation und unterstützt andererseits die Stabilisierung entdeckter Verbindungen und erworbenen Wissens (vgl. Charlton 2007). Früh registriert die Mehrheit der Kinder zudem, dass Erwachsene und ältere Geschwister beim Fernsehen, Lesen oder Computerspielen nicht gern gestört werden wollen. Das schürt das Begehren, Medien selbst in Gebrauch zu nehmen. Das geschieht zunächst auf der Ebene des Nachahmens, wobei der Umwelt nicht selten der Spiegel vorgehalten wird: Da greift sich die 14 Monate alte Tochter das Handy der Mutter und hält mit gekrauster Stirn einen engagierten Monolog aus lautmalerischen Silben, dann legt sie das Handy weg, schnauft durch und faltet zufrieden die Hände im Schoß. Das Nachahmen mündet in den Wunsch, die Medien selbst zu bedienen. Die Hörkassette muss nun selbst eingelegt und der Knopf an der Fernbedienung selbst gedrückt werden. Beistand bekommen die Kinder vom Medienmarkt, der mit bunten, großflächigen, intuitiven Bedienelementen ihr Streben nach Selbständigkeit unterstützt.

Etwa ab dem Alter von drei Jahren beginnen Kinder wahrzunehmen, dass ihnen die Medien etwas mitteilen wollen, dass sie Botschaften aussenden. Nun werden die Medien als Geschichtenerzähler entdeckt. Die Geschichten in Bilderbüchern, auf Hörkassetten oder die, die auf dem Fernseh- oder Computerbildschirm zu sehen sind, sind lustig und spannend und zeigen bisher Unbekanntes. Sie bringen Spaß, Wissen und neue Einsichten. Bei der Fülle und Eindrücklichkeit medialen Materials verwundert es nicht, dass die Kinder bald Fragen an die Medien zu stellen beginnen, beispielsweise zu Beobachtungen, die sie im Alltag machen, zu Vorgängen, die sie nicht verstehen, zu Problemen, mit denen sie sich herumschlagen. Sie suchen in den Medien Anregungen für die Bewältigung ihres Alltags und der vielen Entwicklungsaufgaben, die sich ihnen stellen. Die Funktion einer Orientierungsquelle weisen Kinder den Medien bereits im Vorschulalter zu und sie wird im Verlauf des Heranwachsens zunehmend relevanter und differenzierter (vgl. z.B. Theunert/Schorb 1996, Theunert/Gebel 2000, Wagner 2008).

Natürlich reden Kinder – genau wie Erwachsene – gern über die Mediengeschichten, die sie genossen haben und über die Neuigkeiten, die sie aus den Medien erfahren haben. Schon im Kindergartenalter werden Medien und die mit ihnen verbundenen Erlebnisse und Erfahrungen zum beliebten Gesprächsstoff. Das dient der Profilierung, der Vergewisserung und Demonstration von Zugehörigkeit: man hat das Gleiche gesehen, fand es witzig, spannend oder gruselig, man teilt den Geschmack und das Urteil der anderen und auch die Bevorzugung von medialen Ausdrucksformen und -stilen. Doch nicht nur das Nacherzählen der Mediengeschichten bietet Gesprächsanlässe. Medien liefern Stoff für Wünsche und Phantasien. Man kann sich diese alleine ausmalen oder gemeinsam darüber fachsimpeln, wie man selbst als Heldin oder Held eine Situation meistern würde.

Sich in eine Geschichte begeben – das können Kinder heute nicht mehr nur gedanklich und in der Phantasie. Bei Computerspielen brauchen sie nicht nur zuhören und zuschauen, hier können sie selbst aktiv werden, eine Rolle in der Geschichte übernehmen, mitmachen und mitbestimmen. Medien wie der Computer, die Spielkonsole, das Handy, das Internet werden so zu Spielkameraden, die herausfordern und gegen die man sich beweisen kann, allein oder gemeinsam mit anderen.

In der heutigen Medienwelt können Medien jedoch mehr sein als Ersatz für leibliche Spielkameraden. Computer, Internet und mobile Medien offerieren Spielplätze oder allgemeiner: vielfältige Handlungsräume. Dort können Kinder alleine oder vernetzt mit vielen anderen spielen. Sie können kreativ sein, malen, gestalten, schreiben, sich mit anderen treffen, plaudern und diskutieren, Freundschaften schließen, sich verlieben oder sich gemeinsam engagieren. Sie können selbst Geschichten erzählen, mit Worten, Bildern und Tönen, diese anderen zugänglich machen, Feedback einsammeln, daraus lernen oder sich darüber ärgern. Sie können sich mit Hilfe medialer Instrumente und Gestaltungsmittel und auf medialen Wegen artikulieren, zum Spaß oder um ihre Sicht auf die Welt und ihre Vorstellungen anderen zu vermitteln, um sich einzumischen und mitzugestalten.

Medien sind – so lässt sich an dieser Stelle zusammenfassen – kommunikative Umweltgegebenheiten, mit denen Kinder vom ersten Lebenstag an in Berührung kommen und die sie sukzessive aneignen. In der Interaktion mit medialen Angeboten und auf medialen Wegen werden sie als Mittel der Weltaneignung nutzbar gemacht.

- Aus den medialen Botschaften, egal ob diese in Form von fantastischen Geschichten, Wissen oder Meinungen daher kommen, versuchen Kinder Orientierungen für die eigene Lebensgestaltung und die Wahrnehmung und Beurteilung der näheren und weiteren Umwelt zu gewinnen.
- Über ihre Medienerfahrungen und deren Interpretationen kommunizieren sie mit anderen in realen und medialen Räumen, zum Zweck der Vergewisserung und Sicherung sozialer Zugehörigkeit. Dadurch können medial angeregte Denk- und Handlungsoptionen stabilisiert, aber auch in Frage gestellt werden.
- Darüber hinaus öffnet die heutige Medienwelt Kommunikationsflächen für soziale Interaktion. Die Palette medialer Artikulation steht im Prinzip allen zur Verfügung, um sich in kleineren oder größeren Öffentlichkeiten zur Geltung zu bringen und Teilhabe zu realisieren.

Die in Bezug auf und in den Medien stattfindenden Interaktionsprozesse sind eingebunden in die alltäglichen Lebensvollzüge und werden von diesen ausgerichtet. So entscheidet in der Kindheit vorrangig die Familie darüber, mit welchen Medien das Kind in welcher Intensität in Kontakt kommt und welche medialen Tätigkeiten besonderes Gewicht erlangen. Die im sozialen Umfeld und in Bildungsprozessen ausgebildeten Fähigkeiten der Weltaneignung schlagen auch auf die Aneignung der Medienwelt durch. Wer lernt die wirkliche Welt zu befragen, reflektiert auch darüber, was ihm in der Medienwelt begegnet.

2. Das Kommunikationssystem Sprache: Integrierter Bestandteil des Mediengebrauchs

Sprache ist unser primäres Vermittlungs- und Verständigungssystem und als solches auch eine zentrale Grundlage für den verstehenden Zugang zu Medien. In den alltäglichen Mediengebrauch ist sie als basales Kommunikationssystem organisch integriert.
Sprache ist ein **tragendes Element medialer Botschaften**, Hauptelement zum Beispiel beim Buch, ein Element neben anderen beim Film. Natürlich gibt es auch Medienangebote, die ohne Sprache auskommen, eine Kindersendung wie „Pingu" zum Beispiel. Die hier agierenden Knetfiguren erzählen Geschichten nur mit Gestik und Mimik, untermalt von Musik und Geräuschen. Kleinen Kindern kommt das zu pass und sie verstehen die Erlebnisse des kleinen Pinguins und seiner Freunde ganz ohne sprachliche Erläuterungen. Doch sie versprachlichen das Gesehene, sobald sie darüber erzählen. Das Pingu-Beispiel verweist darauf, dass insbesondere audiovisuelle Medien mit ihrem Symbolsystem, das Bilder und Töne kombiniert – mit

oder ohne Sprache – auch Geschichten ohne Worte erzählen können oder das, was sie in Worten fassen, durch Bilder und Töne ergänzen können. Das Verständigungssystem Sprache wird so erweitert. Darüber kann das Sinnverstehen unterstützt und erleichtert werden – vorausgesetzt Bilder und Töne und Sprache sind sinnhaft und den Verstehensfähigkeiten der Adressaten angemessen kombiniert.

Als **Mittel zur Verbalisierung von Medienerlebnissen** kommt Sprache zwangsläufig ins Spiel, wenn ein Medienerlebnis anderen übermittelt werden soll und die Möglichkeit des direkten Zeigens fehlt. Dann muss verbalisiert werden, was man gesehen, gehört und empfunden hat, evtl. versetzt mit Mimik, Gestik und Geräuschen. Wer Kindern zusätzlich gestalterische Mittel anbietet, um das Erzählen von Medienerlebnissen zu unterstützen, wird sich wundern, wie detailliert das Erleben zum Ausdruck gebracht und vor allem wie punktgenau es mit dem eigenen Leben verzahnt wird. Mit gemalten, fotografierten oder bewegten Bildern, mit Geräuschen und Musik äußern sich Kinder nämlich auch dann, wenn sie etwas verbal nicht ausdrücken können. Dann werden ihre Bilder, ihre Töne, ihre Musik zu „Werken", mit deren Hilfe sie ihr Erleben leichter ausdrücken können.

Schließlich ist Sprache **eine Ausdrucksform bei eigentätiger medialer Kommunikation.** Das ist ganz unmittelbar ersichtlich dort, wo in medialen Räumen mit geschriebener oder gesprochener Sprache kommuniziert wird, im Chat oder im Teamspeak bei Onlinespielen. Dort, wo mediale Handlungsräume wie die Social Communitys genutzt werden, um sich öffentlich zu artikulieren, sich selbst darzustellen, seine Meinung zur Diskussion zu stellen oder seine Talente und selbsterstellten Werke zu zeigen, ist Sprache eine Ausdrucksform, die mit anderen medialen Ausdrucksformen, mit Bildern, mit Musik, mit Film, mit Grafik kombiniert wird. In dieser **Kombination unterschiedlicher Ausdrucksmittel** liegt der **Vorteil medialer Kommunikation**: Auch was nicht in Worte gefasst werden kann, kann mitgeteilt und anderen verständlich gemacht werden. Für Kinder bzw. allgemeiner: für Menschen, deren Verbalisierungsfähigkeiten noch nicht so ausgeprägt sind, oder die sich in einer fremden Sprache ausdrücken wollen oder müssen, erweitert das die Mitteilungs- und Verständigungsformen. Diesen Umstand macht sich auch die qualitative Medienforschung zu nutze, indem sie gestalterische Erhebungsmethoden anwendet, um insbesondere in Bezug auf Kinder Einblicke in die Tiefen des Medienerlebens zu gewinnen (vgl. z.B. Schorb/Theunert 2000, Theunert 2008).

Den Zusammenhang von Sprache und Medien hat Dieter Baacke so gefasst: „Der kompetente Mensch lernt sprechen, seine Kontaktsinne einsetzen, mit Medien umgehen und sein Handeln sowie das Handeln anderer beeinflussen". (1999, S. 8) Man kann über die Reihenfolge diskutieren, entscheidend an dieser Aussage ist, dass der Erwerb von Sprachkompetenz und der Erwerb von Medienkompetenz im Entwicklungsprozess nebeneinander laufen, unter dem Dach der Kommunikation vielfach miteinander verwoben sind und im Verbund zur Ausformung Kommunikativer Kompetenz führen, die ihrerseits soziale Handlungskompetenz fundiert. Schematisch lässt sich das folgendermaßen darstellen:

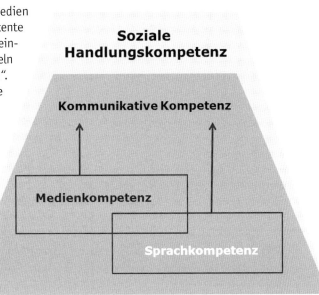

"Soziale Handlungskompetenz", also das Bündel von Fähigkeiten, das notwendig ist, um als ein aktives Mitglied in der Gesellschaft zu leben, setzt die Beherrschung der vorrangigen Kommunikationssysteme voraus. Das wird im Begriff „Kommunikative Kompetenz" gefasst. Diese fußt ihrerseits immer auf der Beherrschung des Verständigungssystems Sprache, also auf „Sprachkompetenz". In der heutigen (Medien-)Gesellschaft fußt sie zusätzlich und mit zunehmendem Gewicht auf dem kompetenten und aktiven Gebrauch der medialen Kommunikationssysteme, also auf „Medienkompetenz". Wer in unserer Gesellschaft sein Leben selbstbestimmt gestalten und sich aktiv in soziale und gesellschaftliche Prozesse einbringen will, muss sich der Sprache bedienen können und er muss die Medien für sich kommunikativ in Dienst nehmen können.

In ihrem Alltag verzahnen Kinder die sprachgebundenen und medialen Kommunikationssysteme in vielfacher Weise und quasi von alleine:
- Sie formen ihr Sprachverständnis auch über die Medien aus, die sie täglich in Gebrauch haben.
- Sie eignen sich die Welt auch auf medialen Wegen an und verfeinern ihr Sinnverstehen durch die nonverbalen, sinnlichen Symbolsysteme der Medienwelt.
- Sie nutzen das Verständigungssystem Sprache, um ihr Medienerleben mitzuteilen und dabei immer auch zu be- und verarbeiten.
- Sie bedienen sich der Sprache selbstverständlich und gern, wenn sie auf medialen Wegen mit anderen kommunizieren.
- Sie integrieren Sprache als eine Ausdrucksform und kombinieren sie mit medienspezifischen Symbolen, wenn sie Medien als Mittel der Artikulation in den Dienst nehmen.
- Das Wechselspiel, das Kinder im Alltag zwischen Mediengebrauch und Sprachgebrauch selbstverständlich inszenieren, bietet (medien-)pädagogisches Potenzial, das für die Förderung beider Kompetenzbereiche ausgeschöpft werden kann.

3. Medienkompetenzförderung: Ein Teil kommunikativer Kompetenz und ein Weg zu sozialer Handlungskompetenz

Die Menschen von klein auf für ein souveränes Leben stark zu machen, ist Anliegen der Pädagogik. Die Spezifizierung dieser Zielsetzung in der Medienpädagogik lautet: Menschen für ein souveränes Leben mit Medien stark zu machen. Diese Zielsetzung verweist im Zentrum auf zwei Komponenten, die in medienpädagogischen Prozessen systematisch umzusetzen sind:

1) Medien und ihr Gebrauch sind als integrierte und konstituierende Bestandteile der Gesellschaft und der Lebensvollzüge der Menschen zu behandeln.

Die Integration der Medien in das individuelle und öffentliche Leben ist kein neues Phänomen, allerdings haben Computertechnologie und Digitalisierung die medialen Strukturen tiefgreifend verändert, hinsichtlich quantitativer Dimensionen, vor allem aber in Bezug auf die qualitativen Strukturen. Die durch Kommerzialisierung und Globalisierung begründete Vermehrung der Medienanbieter wird potenziert durch die Mehrfachvermarktung der Angebote und deren Zugänglichkeit auf unterschiedlichen medialen Wegen. Dieses Zusammenfließen von Einzelmedien und die Vernetzung ihrer Angebote in der konvergenten Medienwelt zieht neue Nutzungswege und veränderte Wahrnehmungs- und Erlebensqualitäten nach sich. So ist es heute ein Leichtes sich über alle Medien hinweg die Inhalte zu bündeln, die den eigenen Vorlieben entsprechen, ob das nun actionhaltige Angebote sind oder Informationen zu einem Interessengebiet. Die Digitalisierung der Medienwelt und die Möglichkeiten des Web 2.0 haben uns zudem das Mitmach-Internet beschert und darüber materialisieren sich weitere Optionen, die über die rezeptive Beschäftigung mit Medienangeboten weit hinausreichen. Interaktion über und in Medien ist ebenso realisierbar wie mediale Artikulation in mehr oder weniger großen Öffentlichkeiten.

Gerade die junge Generation nutzt die Optionen der konvergenten und globalen Medienwelt und die Chancen zu medialer Interaktion und Artikulation ausgiebig (vgl. die Konvergenzstudien des JFF, für einen Überblick: www.jff.de). Auf globale Medienangebote und User-generated Content zugreifen, soziale Beziehungen im Netz pflegen und sich in einschlägigen Communitys medial darstellen und artikulieren gehört zum Alltag der jungen Generation. Das nachstehende Schema systematisiert die damit verbundenen Erweiterungen in ihrem Medienhandeln.

Erweiterungen des Medienhandelns im Mitmach-Internet

sich amüsieren und informieren	sich in Beziehung setzen	sich zur Geltung bringen
Rezeptives Medienhandeln	Kommunikatives Medienhandeln	Produktives Medienhandeln
zusätzliche Zugänge zu massenmedialen Angeboten	Verlängerung interpersoneller Kommunikation ins Virtuelle	Selbstdarstellung
		Veröffentlichungsflächen
Zugang zum privat bestückten Medienmarkt	Ausleben von Beziehungen im Virtuellen	Partizipationschancen

Medienkonvergenz und Mediatisierung sind zwei Begriffe, die zur Charakterisierung der Bedeutung der medialen Strukturen in heutigen Gesellschaft taugen. Die vernetzte Medienwelt wirkt in viele Lebensbereiche hinein und nimmt Einfluss auf deren Strukturen und auf das Handeln der Menschen in ihnen. Diese Entwicklung erhöht die Relevanz der Medien als kommunikative Mittel der Weltaneignung und sie hat Bedeutung für die Verzahnung der medialen Kommunikationssysteme mit anderen Mitteln der Artikulation und Partizipation.

2) *Medienkompetenzförderung muss ganzheitlich und in ressourcenorientierten pädagogischen Prozessen erfolgen.*

Als medienkompetent kann ein Mensch gelten, wenn er beispielsweise
- die Inhalte und Tätigkeiten, die die Medienwelt offeriert, funktional und selbstbestimmt in Gebrauch nehmen kann,
- die Angebote der Medienwelt bewerten kann, etwa im Hinblick darauf, ob sie mit den vorherrschenden Wertvorstellungen in unserer Gesellschaft zusammen passen,
- sich auf der Basis von Wissen und Urteil selbst in der Medienwelt orientieren und positionieren kann, das heißt eine begründete Meinung vertreten kann, sowohl in Bezug auf die Ressourcen, die Medien bergen, als auch in Bezug auf die Probleme, die sie aufwerfen, und
- die kommunikativen und produktiven Handlungsmöglichkeiten der Medien ausschöpfen kann, die eine aktive Partizipation an der sozialen Umwelt ermöglichen.

Diese Fähigkeiten, die – neben anderen – Medienkompetenz ausmachen, systematisiert das nachstehende Schema:

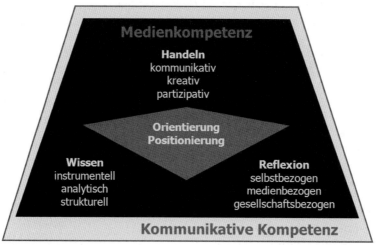

Quelle: Theunert 1999, Schorb 2005

Das dargestellte Konzept von Medienkompetenz betont die Verbindung mit Kommunikativer Kompetenz. Letztere bezieht sich auf das Gesamt der interaktiven Daseinsformen und impliziert die Teilhabe an gesellschaftlicher Kommunikation. Medienkompetenz bezieht sich auf die Verbindung von Kommunikation mit medialen Strukturen. Als zunehmend gewichtiger Bestandteil von Kommunikativer Kompetenz verzahnt sie

- Wissen und Reflexion über die Strukturen und Funktionen der jeweils verfügbaren Medienwelt
- mit der konkreten Handhabung und dem eigentätigen und selbstbestimmten Gebrauch von Medien als Mittel der Artikulation und Partizipation
- und der auf Wissen, kritischer Reflexion und Handlungserfahrung fußenden Orientierung und Positionierung in der Medienwelt.

In der Verzahnung von kognitiven, kritisch-reflexiven, ethischen und handlungsorientierten Fähigkeiten bewährt sich der Kern des Fähigkeitsbündels, das Medienkompetenz ausmacht, auch in der mediatisierten Gesellschaft als handlungsleitende Struktur – vorausgesetzt die Fähigkeiten werden im Hinblick auf die aktuellen Gegebenheiten konkretisiert. So muss sich das der Wissensdimension zugehörige Strukturwissen heute auch auf die Vernetzungsmechanismen des Medienmarktes erstrecken oder innerhalb der Reflexionsdimension müssen auch die Formen und Inhalte des Mitmach-Internets zum Gegenstand von Analyse und Selbstreflexion werden. In der Handlungsdimension hat die Medienentwicklung zweifellos die größten Veränderungen nach sich gezogen. Das verfügbare Kommunikations- und Artikulationsspektrum birgt Partizipationschancen, die es für alle bewusst und zugänglich zu machen gilt. Die zwischengeschaltete Ebene der Orientierung und Positionierung meint die über Wissen, Reflexion und Handlungserfahrung fundierte Verortung in der Medienwelt. Sie ist keine eigenständige Dimension, sondern charakterisiert ein Zwischenstadium, auf dem Differenzierung und Erweiterungen im lebensbegleitenden Prozess der Medienkompetenzentwicklung aufsetzen können (siehe ausführlich Theunert 2009).

Die der Medienkompetenz zugehörigen Fähigkeiten werden wie jedes soziale Handeln im Prozess des Heranwachsens sukzessive ausgeformt. Das geschieht durch
- Vorbilder, vorrangig in Elternhaus und Peergroup,
- eigenständiges Erleben und Handeln in der Medienwelt und
- gezielte pädagogische Anregung und Unterstützung in Erziehungs- und Bildungsfeldern.

Von klein auf versuchen Kinder das, was sie in diesen Feldern „lernen" aufeinander zu beziehen, auch dort, wo sie Diskrepanzerfahrungen machen, was vorrangig zwischen dem im Privatbereich gelebten Mediengebrauch und den von institutionellen Erziehungs- und Bildungsinstitutionen propagierten richtigem Medienumgang der Fall ist. Medienkompetenzerwerb in medialen und realen Räumen, in informellen und institutionalisierten Bildungsorten bleiben im Ertrag nicht getrennt. Moderiert von entwicklungsbedingten Verstehens- und Handlungsfähigkeiten einerseits und sozialen, ethischen und bildungsmäßigen Lebensbedingungen andererseits leiten sie nicht nur die Aneignung der Medienwelt, sondern beeinflussen im Verbund damit Weltaneignung und Persönlichkeitsentwicklung.

Die Förderung von Medienkompetenz muss an diesen Ressourcen ansetzen und sie zum Ausgangspunkt von Differenzierung und Erweiterung in Bildungsprozessen durch, mit und über Medien machen. Solche Bildungsprozesse implizieren:
- **Medien als Orte informellen Lernens** zu begreifen, aus denen Orientierung bezogen wird und in deren Handhabung Fähigkeiten erworben werden. Informelles Lernen in medialen Räumen hat auch Bedeutung für die Verbindung von Medien- und Sprachkompetenzerwerb. So kann der Besuch einer anregenden Internetseite die Aufmerksamkeit für Schrift und Bildsymbole gleichzeitig wecken. Ob das informell Gelernte nachhaltig wird, entscheidet sich in erster Linie an der realen Anschlusskommunikation. In der pädagogischen Bearbeitung von Medienerlebnissen liegt die Chance beides, medienbezogene und sprachbezogene Fähigkeiten zu festigen.
- **Medien als Mittel der Weltaneignung und Partizipation** in pädagogische Prozesse zu integrieren. Über den aktiven Gebrauch von Medien ist eine breite Palette direkt medienbezogener und über die Medien hinausreichender sozialer Fähigkeiten zu unterstützen. Letztere resultieren vorrangig daraus, dass die Erstellung medialer Werke in der Regel Gemeinschaftsarbeit ist. Sprachbezogene Fähigkeiten kommen hierbei in vielfältiger Weise ins Spiel, z.B. bei der Recherche zu einem Thema, egal, ob dazu gelesen oder im Internet recherchiert wird oder Leute befragt werden, oder bei der Auseinandersetzung mit den anderen Gruppenmitgliedern darüber, welche Aspekte thematisiert, welche Bilder und Töne ausgewählt werden oder wie etwas geschauspielert werden soll.
- **Medien als Lerngegenstände** zu thematisieren, um die Mediensymbole, Medientechnik oder die Funktion von Medienverbünden zu durchschauen. Das Lernen über Medien integriert Sprache quasi selbstverständlich als Vermittlungsinstrument.

Bildungsprozesse durch, mit und über Medien bieten eine Fülle von Anlässen, die kommunikativen Fähigkeiten von Kindern auszuformen und ihnen die Kommunikationssysteme Sprache und Medien im Verbund zur Artikulation anzubieten und deren aktiven Gebrauch zu verfeinern. Über die Verzahnung der Förderung beider Bereiche kann man Kinder unterstützen, ein komplexes und den heutigen gesellschaftlichen Bedingungen adäquates Mittel der Kommunikation, Weltaneignung und Lebensgestaltung zu entwickeln, so soziale Handlungskompetenz auszuformen und die Voraussetzungen für ein souveränes Leben in der mediatisierten Gesellschaft zu gewinnen.

■ Literatur

Baacke, Dieter (1999): „Medienkompetenz": theoretisch erschließend und praktisch folgenreich. In: merz | medien + erziehung. Heft 1, S.7-12
Charlton, Michael (2007): Das Kind und sein Startkapital. Medienhandeln aus der Perspektive der Entwicklungspsychologie. In: Theunert, Helga (Hrsg.): Medienkinder von Geburt an. Medienaneignung in den ersten sechs Lebensjahren. München: kopaed, S.25-40
Schorb, Bernd/Theunert, Helga (2000): Kontextuelles Verstehen der Medienaneignung. In: Paus-Haase, Ingrid/Schorb, Bernd (Hrsg): Qualitative Kinder- und Jugendmedienforschung. Theorie und Methoden: ein Arbeitsbuch. München: kopaed.
Theunert; Helga (2008): Qualitative Medienforschung. In: Sander, Uwe u.a. (Hrsg.): Handbuch Medienpädagogik. Wiesbaden: VS
Theunert, Helga (2009): Medienkompetenz. In: Schorb, Bernd u.a. (Hrsg.): Grundbegriff Medienpädagogik – Praxis. München: kopaed, S.199-204
Theunert, Helga/Demmler, Kathrin (2007): Medien entdecken und erproben. Null- bis Sechsjährige in der Medienpädagogik. In: Theunert, Helga (Hrsg.): a.a.O., S.91-118
Theunert, Helga/Schorb, Bernd (Hrsg.) (1996): Begleiter der Kindheit. Zeichentrick und die Rezeption durch Kinder. BLM-Schriftenreihe, Band 37. München: Reinhard Fischer
Theunert, Helga/Gebel, Christa (Hrsg.) (2000): Lehrstücke fürs Leben in Fortsetzung. Serienrezeption zwischen Kindheit und Jugend. BLM-Schriftenreihe, Band 63. München: Reinhard Fischer
Wagner, Ulrike (Hrsg.) (2008): Medienhandeln in Hauptschulmilieus. Mediale Interaktion und Produktion als Bildungsressource. München: kopaed

Dieter Spanhel

Sprachentwicklung im Kindesalter

1. Sprachentwicklung im Kontext des Bildungsprozesses

Für die Durchführung eines Projektes zur Sprachförderung im Kindesalter sind einige grundlegende Erkenntnisse über die Entwicklung der Sprache in dieser Altersphase unerlässlich. Und es ist wichtig, sich den Zusammenhang von Sprache und Entwicklung und die Bedeutung der Sprache im frühkindlichen Bildungsprozess vor Augen zu führen.

Die Muttersprache ist für das Kind das basale Werkzeug zur Aneignung der Kultur, in die es hineingeboren ist. Mit der Entwicklung der Sprache entfaltet sich gleichzeitig die Persönlichkeit des Kindes in all ihren Facetten. Der Bildungsprozess ist unausweichlich an die Entwicklung der Sprach- und Zeichenfähigkeit gebunden. In der ersten PISA-Studie wird die Sprachkompetenz neben der mathematischen und naturwissenschaftlichen Kompetenz als Basiskompetenz einer modernen Allgemeinbildung in der heutigen Wissensgesellschaft herausgestellt (Deutsches PISA-Konsortium 2000, S.20). Der Erwerb der Sprachfähigkeit im Kindesalter bildet darüber hinaus eine wesentliche Voraussetzung für die Entwicklung und Förderung bereichsübergreifender Kompetenzen, die Tenorth (1994) als zentrale Merkmale einer „universalisierten Grundbildung" beschreibt: Lernfähigkeit (insbesondere die Fähigkeit zum selbstregulierten Lernen) und Kommunikationsfähigkeit. Schließlich stellt der Gebrauch des Symbolsystems der Sprache das Fundament für die Begriffsbildung und für das abstrakte, formal-logische Denken dar. Das Hineinwachsen in die Sprache ermöglicht den Kindern immer besser, vorausschauend und planvoll zu handeln, ihr Handeln aus der Perspektive anderer zu beurteilen und zu bewerten, die Erwartungen ihrer Mitmenschen zu übernehmen, unterschiedliche Rollen auszufüllen und schrittweise ihre eigene Identität aufzubauen.

Da sich das Projekt „Erzählkultur" an 3-10jährige Kinder richtet, möchte ich die Sprachentwicklung in drei deutlich unterscheidbaren Phasen beschreiben:

- Zuerst müssen die *Wurzeln des Sprechens* in den ersten Lebensjahren in der Familie betrachtet werden. Sie gründen in den ersten Erfahrungen der Kleinkinder als Ergebnis der direkten Interaktionen mit ihrer dinglichen und sozialen Umwelt, die sich in ersten Formen emotionaler Kommunikation mit der Mutter niederschlagen.
- In der Zeit vom 3.Lebensjahr bis zum Schuleintritt löst sich das Kind erstmals stärker aus dem familiären Umfeld. Kindliche Spielgruppen und Kindertagesstätten eröffnen neue und vielgestaltige soziale Rahmen für die sprachliche Entwicklung. In diesem Alter ist der Bildungsprozess ganz überwiegend durch das *Spiel* bestimmt.
- Mit dem Schuleintritt erweitern sich nochmals die sozialen Kontexte im Alltag der Kinder. Im Rahmen der schulischen Anforderungen wird ihr Bildungsprozess durch eine zunehmend systematische *Aufgabenorientierung* bestimmt. Die Sprachentwicklung wird nun nicht mehr allein durch den mündlichen Sprachgebrauch, sondern durch den Schriftspracherwerb und eigene, didaktisch geplante Lehr-Lernsituationen vorangetrieben.

Die Entwicklung der Sprache ist grundlegend für den kindlichen Bildungsprozess in seinen drei anthropologischen Dimensionen: in den Beziehungen des Kindes zu seiner dinglichen Umwelt, zu den Mitmenschen und zu sich selbst. Dabei gewinnt die Sprache zunehmend Bedeutung für die Welterschließung, die Gewinnung und Speicherung von Erfahrungen (Weltbildfunktion), für die Herstellung von Beziehungen und die Eingliederung in die Gemeinschaft (soziale Kommunikationsfunktion) und für die kognitive, affektive und moralischen Entwicklung sowie beim Aufbau einer eigenen Identität (personale Funktion).

2. Sprachentwicklung unter den Bedingungen der modernen Mediengesellschaft

Beobachten wir ein kleines Kind über einen gewissen Zeitraum in seiner Entwicklung in der Familie, dann können wir nur staunen, welche enormen Fortschritte es in kurzer Zeit in seiner Sprachfähigkeit macht. Es ist geradezu ein Wunder, wie schnell Kinder in den ersten Lebensjahren eigenständig in die Sprache hineinwachsen und welche unglaublichen Lernleistungen sie dabei vollbringen. Das hängt damit zusammen, dass Sprechen ein Hauptfaktor für den unersättlichen Lerneifer in der frühen Kindheit darstellt. Sprechen lernen und Lernen im allgemeinsten Verständnis, d.h., der Welt einen Sinn geben, sind eng miteinander verknüpft. Die Hauptaufgabe des Sprechens ist das Symbolisieren der Realität, das Ordnen der Erfahrungen, die das Kind macht. Es symbolisiert die Welt, um mit ihr umgehen zu können.

In die ersten sprachlichen Symbole des Kindes gehen seine individuellen Erfahrungen ein, die mit subjektiven Gefühlen und Wertungen verbunden sind. Aber erst die Sprache als sozial vereinbartes Zeichensystem ist zur Verallgemeinerung und zur Abstraktion von Erfahrung fähig, ermöglicht die Bildung des rationalen Denkens und die Entwicklung und Tradierung einer gemeinsamen Kultur und gesellschaftlichen Ordnung. In seinem Buch „Unser Weltbild aus Zeichen" schreibt Boeckmann (1994):

> „Weil wir als soziale Wesen leben, ist alles, was wir denken und tun, auch durch die Gesellschaft mitbestimmt. Aber das Gemeinsame, das die Gesellschaft ausmacht, die gemeinsamen Regeln, Werte und Überzeugungen, die gemeinsame Geschichte und Kultur, kann eben nur durch Kommunikation entstehen, was ja im Grunde nichts anderes heißt, als ‚etwas zu einem Gemeinsamen machen'. Kommunikation (aber) funktioniert durch Medien, und seien es nur Gesten oder Worte. In diesem Sinne des Wortes gibt es keine Kommunikation ohne Medien. ....Mit unserer Fähigkeit zur Kommunikation durch Medien haben wir die Reichweite unserer Sinne überschritten. Wir machen uns die Sinne aller Mitmenschen verfügbar. Und wir schaffen mit unseren Mitmenschen eine gemeinsame Sicht der Welt. Durch Kommunikation und Medien konstruieren wir eine gemeinsame gedankliche Welt, welche unsere Tradition, Kultur und gesellschaftliche Wirklichkeit umfasst." (S.16)

Die rasanten Medienentwicklungen im vergangenen Jahrhundert (die Ergänzung der Sprach- und Buchkultur durch Bildermedien, auditive und audiovisuelle Medien, durch Digitalisierung und weltweite Vernetzung) haben zu einer unglaublichen Beschleunigung der Kulturentwicklung geführt und unser soziales Zusammenleben tief greifend verändert. Durch den Einbruch der technischen bzw. digitalen Medien auch in den kindlichen Alltag haben sich die *Rahmendingungen für den Erwerb der Sprachfähigkeit* dramatisch verändert. Unsere Kinder werden heute gleichzeitig mit allen Medien konfrontiert und wachsen von Geburt an mehr denn je in einer zeichenhaften, symbolischen, medialen Umwelt heran, die nicht für sie geschaffen wurde. Durch das Medienensemble und seinen Gebrauch in der Familie werden Kleinkinder daher ständig in Verhältnisse verwickelt, denen sie von ihren Fähigkeiten her noch nicht gewachsen sind. Sie stehen vor einer Entwicklungsaufgabe, die es bisher in diesem Lebensalter und in dieser Form nicht gegeben hat: Sie müssen sich früher als je zuvor an die von den modernen Medien geprägten symbolischen Sinnstrukturen und an die dadurch veränderten Strukturen ihrer dinglichen und sozialen Umwelt anpassen.

Das wichtigste Werkzeug dafür ist die Sprache. Ihre Beherrschung ist die Voraussetzung dafür, dass sich die Kinder die „Sprachen" der modernen Medien, der Filme und Fernsehbilder, des Computers und Internets erschließen und ein objektives und kohärentes Weltbild aufbauen können. Denn erst in dem Maße, wie die Kleinen diese Sprachfähigkeiten entwickeln, eröffnen sich ihnen in der modernen Mediengesellschaft immer neue Erfahrungs-, Lern- und Bildungsmöglichkeiten, Formen der Kommunikation und des kreativen Handelns, des Erlebens und des Ausdrucks mit Medien.

Für den Prozess des Spracherwerbs bieten die Medien besondere Entwicklungschancen und gleichzeitig stellen sich damit neue Herausforderungen, Lernzwänge und Gefährdungen. Um Benachteiligungen, z.B. für Kinder aus bildungsfernen Schichten oder Kinder mit Migrationshintergrund zu überwinden, sind schon im Vorschulalter, in den Kitas und erst recht in der Grundschule verstärkte Maßnahmen zur Sprachförderung wichtig. Aber gerade in der Mediengesellschaft bieten vielfältige Formen aktiver Medienarbeit besondere Chancen, die Sprach-, Zeichen- und Medienfähigkeit im Zusammenhang zu fördern. Denn Medien faszinieren die Kinder und führen zu abwechslungsreichen Handlungssituationen, die zu einer sprachlichen Bewältigung herausfordern. Darin liegen die besonderen Möglichkeiten zur Sprachförderung im Projekt „Erzählkultur".

3. Sprachentwicklung in den ersten drei Lebensjahren

Die früheste sprachliche Entwicklung ist eingebettet in den Gesamtprozess der kognitiven, affektiven, sozialen und moralischen Entwicklung auf der Grundlage der ständigen Interaktionen des Kleinkindes mit den Gegebenheiten seiner unmittelbaren Umgebung. Die Wurzeln seines sprachlichen Wachstums liegen in der angeborenen Fähigkeit des Säuglings, von Geburt an seine Stimme zu gebrauchen und auf Laute zu reagieren. Das Baby äußert Missbehagensschreie oder Behagenslaute, die Mutter geht auf seine Laute ein und spricht zu ihm. Aus seiner Umgebung strömt eine ununterbrochene Folge von Sinneseindrücken auf den Säugling ein, auf die er mit dem ganzen Körper, auch mit seiner Stimme reagiert. Wenn die Mutter mit ihm spricht, regt sie seine Lautäußerungen an. Beim Lallen erkundet und übt er auf spielerische Weise seine stimmlichen Möglichkeiten. In dem Vergnügen, Geräusche zu produzieren und sich selbst zu hören, liegt eine der Wurzeln der späteren Freude am Erzählen. Gleichzeitig regt das Lallen des Babys unterschiedliche Reaktionen der Mutter oder anderer Personen in der Umgebung an, auf die es wiederum mit Wahrnehmungs-, Gefühls- und Verhaltensmustern antwortet. In diesen Kreisprozessen stabilisieren sich allmählich *sensomotorische Schemata*, in die immer auch Lautmuster eingebettet sind.

Diese noch vorsprachlichen Verhaltensmuster sind die ersten Instrumente für eine gefühlsmäßige Verständigung (*emotionale Kommunikation*) mit der Mutter. Eltern, Geschwister oder andere Erwachsene begleiten die Aktivitäten des Kindes in Form körpergebundener Zeichen (indexikalischer Zeichen): Durch Mimik, Gesten, Körperhaltungen und Laute werden die Aktivitäten des Kindes, seine Primärerfahrungen kommentiert, bewertet und gesteuert. Das ist der Beginn der Zeichenfähigkeit: Vater und Sohn lachen gemeinsam beim Guck-guck-da-Spiel; die Mutter reagiert verärgert, wenn ihr die Kleine beim Füttern den Löffel mit Brei aus der Hand schlägt. Über diese Körperzeichen werden ständig Beziehungsbotschaften ausgesendet. Bald lernt das Kind, selbst Körperzeichen einzusetzen und so die Personen in seiner Umgebung zu steuern oder ihnen etwas mitzuteilen: Es zeigt auf Dinge, die es haben möchte und stößt dabei Laute aus. Die wachsende Zeichenfähigkeit ermöglicht dem Kind eine bessere Teilnahme am sozialen Leben der Familie.

Hier liegt der Beginn der Konstitution von Bedeutungen. Er findet nach Tomasello (2002) im Rahmen triadischer Interaktionen statt: Mutter und Kind richten ihre Aufmerksamkeit gemeinsam auf einen Gegenstand. Dabei gelingt es den Kindern immer besser, sich in die Aufmerksamkeitsstruktur und das Verhalten von Erwachsenen gegenüber Objekten einzustimmen und mittels kommunikativer Gesten die Erwachsenen auf sie selbst einzustimmen. Diese gemeinsame Aufmerksamkeit begründet das *kulturelle Lernen*, weil Kinder nicht einfach *von*, sondern *durch* andere Personen lernen. Sie übernehmen deren Perspektive in der Situation, um die gleiche intentionale Handlung aktiv nutzen zu können. So entstehen durch gemeinsames Tun geteilte Bedeutungen. In der Situation interpretieren die Eltern bestimmte Verhaltensweisen des Säuglings als Äußerungen, auch wenn er noch längst nicht in der Lage ist, durch Gestik oder Mimik absichtlich Beziehungsbotschaften auszusenden. Sie sprechen mit ihm, obwohl er noch lange keine sprachlichen Symbole verstehen kann. Die Eltern verlassen sich dabei offensichtlich auf die Fähigkeit ihres Kindes, seine Geschicklichkeit und seine Handlungsfähigkeit schrittweise nach Bedarf zu differenzieren und aufzubauen.

Das ist die Grundlage für Nachahmungslernen im zweiten Lebensjahr, mit dem sich die Kinder alle Arten von Werkzeugen, Zeichen und Symbolen aneignen, um mit den Anforderungen einer Situation immer besser zurecht zu kommen. Über einen langen Zeitraum hinweg vollzieht sich durch Nachahmung eine allmähliche Angleichung der kindlichen Lautäußerungen an das korrekte Sprechen. Das Zuhören ist eine wichtige Grundlage für das sprechen lernen. Der entscheidende Übergang zur Sprache findet statt, wenn das Kind einer bestimmten Lautäußerung eine bestimmte *Bedeutung* zuweist. Der erste Schritt dazu besteht darin, dass es auf die Bedeutung dessen reagiert, was es hört. Auf spezifische Worte kommen als Reaktion bestimmte Handlungen zum Vorschein: „Sag´ auf Wiedersehen!" sagt die Mutter und der neuen Monate alte Jungen winkt mit der Hand. Diese Reaktion ist stark motiviert und gefühlsgeladen, weil die Bedeutung nicht allein vom Wort abhängt (wie es gesprochen wird: Tonfall, Lautstärke), sondern ebenso von der Person, die es ausspricht (Mutter) und von der Situation des Abschiednehmens. Von diesem Moment an lernt das Kind in unzähligen alltäglichen Interaktionssituationen, unterscheidend auf das zu reagieren, was andere sagen. Und dabei schreitet die Entwicklung der Bedeutung dessen fort, was es selbst sagt.

Schließlich spricht dass Kind (mit ca.18 Monaten) sein erstes Wort mit Bedeutung aus. „Mama" wird häufig als erstes Wort mit Bedeutung geäußert. Aber je nach der Situation, in der es geäußert wird, kann es zunächst noch ganz verschiedene Bedeutungen haben. Das gilt auch für die danach folgenden Einwortsätze, mit denen das Kind seine Befindlichkeit ausdrückt (deklarativ), andere Personen zu einer Handlung auffordert (manipulativ) oder sein eigenes Tun sprechend begleitet (kommentierend). In der Zeit von einundhalb bis zwei Jahren erfolgt nun ein ständiger Zustrom von neuen Wörtern als Namen von Dingen. Das Kind spielt das *Benennungsspiel*. Unermüdlich *fragt* es nach den Namen der Dinge seiner unmittelbaren Umgebung und macht sich auf diese Weise seine Alltagswelt verfügbar (1.Fragealter). Über längere Zeit verschieben sich die Bedeutungen der Wörter noch, je nach dem situativen Kontext, in dem sie mit den Objekten verbunden sind. Erst allmählich verengen sie sich auf die Bedeutungen entsprechend der sozialen Übereinkunft. Sie fungieren also nicht von Anfang an als generalisierte Namen, als Begriffe, die sich auf eine Klasse von Objekten beziehen, weil sie zunächst noch stark von den Bedürfnissen und Gefühlen des Kindes geprägt sind. Letzten Endes aber führen sie es zur Erkenntnis, dass Wörter als Namen die Gegenstände klassifizieren und damit ein Bindeglied auch zu nicht gegenwärtigen Objekten herstellen können. Das ist ein starker Faktor in der Entwicklung der Wahrnehmungs- und Erkenntnisfähigkeit des Kindes.

Im zweiten Lebensjahr differenziert sich die Fähigkeit zum Zeichengebrauch aus und die Kinder lernen nebeneinander *indexikalische Zeichen* (Anzeichen, insbesondere Gestik, Laute und Mimik), *ikonische Zeichen* (Bilder) sowie *sprachliche Symbole* einzusetzen. Ein starker Faktor für die Entwicklung der Sprachfähigkeit ist in dieser Phase die von den Medien (Fernsehen, Videospiele, Computer) geprägte

Alltagswelt, in der neben sprachlichen Elementen bildhafte (ikonische) Zeichen dominieren. Kleine Kinder erschließen sich diese Welt der Bilder, weil sie Bildzeichen auf Grund ihrer Ähnlichkeit mit der Realität bereits verstehen, auch wenn sie noch nicht voll über die Sprache verfügen. Sie werden immer früher mit einer Fülle speziell auf ihre Bedürfnisse und Ansprüche ausgerichteten Kindermedien (Bilder- und Liederbücher, Hörkassetten, Zeichentrickfilme oder Computerspiele) überflutet. Diese bieten ein unerschöpfliches Reservoir an Bildern, Tönen, Mimik und Gesten, die das Kind mit den Eltern, Geschwistern oder Gleichaltrigen gemeinsam entdecken, wechselseitig nachahmen und mehr und mehr sprachlich symbolisieren kann. Die Bildermedien beruhen auf „präsentativen Symbolen" (Langer 1965), konkreten Darstellungen der Welt, die wirklichkeitsnahe Wahrnehmungseindrücke vermitteln. Die Bilder und Töne und die durch Gestik, Mimik und Bildkomposition ausgedrückten Beziehungsbotschaften faszinieren, weil sie unterschwellig die Gefühle, Bedürfnisse und Wünsche der Kinder ansprechen und ihre Vorstellungsbildung und Phantasietätigkeit anregen. In der Nachahmung indexikalischer Zeichen lernen die Kinder, ihre Gefühle differenzierter zu artikulieren und situationsadäquate Beziehungsbotschaften auszudrücken. In diesen Beziehungen wird das Kind selbständiger und entwickelt und festigt ein „subjektives Selbst" (Stern). Es macht die Erfahrung, dass die eigene Subjektivität mit anderen geteilt werden kann.

Die bisherige Darstellung zeigt, wie das Kind seine Sprachfähigkeit im alltäglichen Zusammenleben in der Familie vorantreibt. Die Sprachentwicklung bis zum Schuleintritt erfolgt in Übereinstimmung damit, wie sich die Familie als soziales System auf der Grundlage gemeinsamer Erfahrungen und Ziele entwickelt (nach Kaye 1982). Diese führen zu gemeinsamen Erwartungen und jedes Familienmitglied verbessert seine Rolle in dem Maße, wie es lernt, das Verhalten der anderen zu antizipieren. Der Aufbau dieser Gemeinsamkeiten (gemeinsame Erkenntnisse, Regeln, Werte, Überzeugungen und Gefühle) und Erwartungshaltungen erfolgt in den familiären Kommunikationsprozessen als ein *gemeinsamer Konstruktionsprozess*. Aber das Kind muss erst kommunikationsfähig gemacht werden und das geschieht dadurch, das es schrittweise in das soziale System der Familie. eingegliedert wird. Dabei ist es nach Kaye (1982, S.32ff.) nicht so entscheidend, wie schnell das Kind seine Rolle als System-Mitglied spielen lernt. Entscheidend ist vielmehr die Fähigkeit der Familie, so zu funktionieren, als ob das Kind seine Rolle spielen würde, während es die Rolle gerade lernt. Die Familie erfüllt diese Bedingung, indem sie bestimmte, klar abgegrenzte *Handlungsrahmen*, („parental frames") bereitstellt. In diesen Rahmen organisieren die Eltern für ihre Kinder die dingliche und soziale Umwelt. Auf diese Weise stellen sie die Kinder in überschaubare und verlässliche Kontexte, in stabile und sinnstiftende Handlungszusammenhänge, in denen erst die Bedeutungskonstitution von Sprachsymbolen möglich wird. Kaye beschreibt eine Reihe unterschiedlicher Typen von solchen Rahmen, z.B. als „nurturant, protective, instrumental, feedback, modeling, discourse frame" (Kaye 1982, S.77ff.). Die Beschreibung dieser Rahmen zeigt, dass die „soziale Konstruktion" der Wirklichkeit nicht durch den Konsens der Sprachbenutzer darüber entsteht, wie die Dinge benannt oder begrifflich gefasst werden sollen, sondern durch die soziale Konstruktion von solchen ritualisierten Handlungssituationen, in die sich die Kinder einpassen.

In dieser Phase zwischen dem 2. und 3.Lebensjahr entwickeln sich die meisten Kinder zu produktiven Erzählern. Sie benutzen nun das *Gespräch* als nächstes Werkzeug für Sondierungen und für die Erleichterung ihrer Unternehmungen im geselligen und neugierigen Umgang im familiären Kontext. Die Unterhaltungen im familiären Umfeld bilden den Rahmen für ihre ersten Sprechversuche und beim Zuhören machen sie erweiterte Erfahrungen mit der Sprache. Sie gewinnt zunehmend auch Bedeutung als kommentierendes Sprechen, das Aktivitäten, Erkundungen oder Spielendes Kindes unterstützt.

4. Die Entwicklung der Sprachfähigkeit von drei Jahren bis zum Schuleintritt

In diesem Zeitraum ändert sich das Gleichgewicht zwischen den wechselseitigen Beziehungen zwischen Sprache, sozialem Umgang und Persönlichkeit: Die Sprache fördert das soziale Miteinander, das seinerseits die sprachliche Entwicklung vorantreibt; beides unterstützt die emotionale, affektive und kognitive Entwicklung des Kindes und dies wirkt wiederum positiv auf seine sprachlichen und sozialen Fähigkeiten zurück.

In den ersten zwei Lebensjahren war das Sprechen und Erzählen des Kindes noch eng verknüpft mit der Situation, an der es handelnd teilnimmt. Davon löst es sich nun mehr und mehr und um das Alter von drei Jahren herum findet ein Meilenstein in der Sprachentwicklung der meisten Kinder statt. Sie können nun über abwesende Objekte sprechen, frühere Erfahrungen wachrufen oder in die Zukunft gerichtete Wünsche äußern. Die *Ablösung des Sprechens von konkreten Handlungssituationen* und der Übergang zur konventionellen Sprache vollziehen sich in einem längeren Zeitraum. *Fragen* sind das wirkungsvollste Mittel, eine Bezugnahme auf Abwesendes, Vergangenes oder Zukünftiges zu fördern. Spiel, Imitation und Mitwirkung anderer treiben das Frage-Antwortspiel an, das nun einen Großteil der Kommunikation mit dem Kind ausmacht. Drei Arten von Fragen lassen sich unterscheiden: Pseudo-Fragen, auf die das Kind bereits die Antwort kennt, die es nur aus Freude am Austausch stellt; Fragen, um die Richtigkeit seiner Vermutungen zu überprüfen und schließlich Fragen, um echte Informationen zu erhalten. Am Anfang überwiegen die Fragen nach den Namen von Dingen, denen das Kind in seinem Umfeld begegnet.

Erinnerungsfähigkeit und Einbildungskraft mittels Sprache sind beide konstruktiv. Sie fördern die Entwicklung von zwei Formen des Sprechens, die den Kindern eine erweiterte Unterstützung bei ihren Aktivitäten und Erkundungen ihrer Umwelt bieten. Das an der Vergangenheit orientierte *„erzählende Sprechen"*, das nicht mehr an eine konkrete Situation gebunden ist, eröffnet ganz neue Möglichkeiten des sozialen Austauschs und der Teilnahme an den Prozessen der sozialen Konstruktion der Wirklichkeit. Im Gespräch bringt das Kind nicht nur interpretierend seine eigenen Erfahrungen ein, sondern setzt sich auch mit den Erfahrungen anderer Kinder oder erwachsener Bezugspersonen auseinander. Die wechselnden sozialen Situationen im Alltag bringen ständig Anregungen zum Sprechen, Anlässe zum Erzählen und Notwendigkeiten, die eigenen Einstellungen, Wünsche oder Kommentare sprachlich zu artikulieren. Das an der Zukunft orientierte *„planende Sprechen"* dagegen hilft dem Kind, absichtsvoll und zielgerichtet zu handeln, sein eigenes Verhalten dementsprechend zu regulieren und seine Ziele auch gegen äußere Widerstände verfolgen und durchsetzen zu können.

4.1 Das Spiel als zentraler Bezugsrahmen für die Sprachentwicklung

Der Prozess, in dem die Sprache benutzt wird, um eine Repräsentation der Wirklichkeit aufzubauen, ermuntert das Kind immer wieder zum Spielen. Dazu gehört auch das *Spiel mit Worten*, z.B. in der Form unterschiedlicher Monologe, etwa vor dem Einschlafen oder „Geleiere" als begleitende Kommentierungen. Beliebt bei Kindern dieses Alters sind die verschiedensten Wortspiele, in denen der Lautaspekt der Sprache in den Vordergrund tritt: Reime, Kinderlieder, Sing-Sang, Spottverse, Abzählreime, häufig verbunden mit rhythmischen Bewegungen, Tanz oder Klatschen. Hier wird die tief gehende Verknüpfung der sprachlichen Symbole mit sensomotorischen, affektiven und emotionalen Mustern deutlich. Die Freude an der klanglichen, melodischen und rhythmischen Dimension des Sprechens bleibt noch lange erhalten und ist wichtig für die *expressive Funktion* der Sprache in Verbindung mit nonverbalen Kommunikationsformen (Gestik, Mimik, Körpersprache). Sie ist hilfreich bei der Anbahnung phonologischer Bewusstheit, der große Bedeutung beim Schriftspracherwerb zukommt.

Während dieser Phase bis zum Schuleintritt ist die Sprachentwicklung vorrangig mit den spielerischen Aktivitäten der Kinder verknüpft. Diese verändern sich vom Alleinspiel über das Parallelspiel hin zu gemeinsamen Spielen in der Gruppe, und geben damit jeweils spezifische Handlungsrahmen für die sprachliche Entwicklung ab.

Worin liegt die besondere *Bedeutung des Spiels* für das Sprechen lernen? In seinen Spielen konstruiert das Kind die Realität nach seinen Vorstellungen, es passt die Wirklichkeit seinen Wünschen an: Ein umgekehrter Stuhl wird für den Fünfjährigen zum Rennauto. Das Kind benutzt sein gegenwärtiges Verhalten als Mittel, um eine abwesende Situation zu symbolisieren und das vorgestellte Schema des Handelns führt zur sprachlichen Symbolisierung. In Spiel schafft sich das Kind seine *individuellen Spielsymbole*, mit deren Hilfe es seine geheimen Wünsche und Sehnsüchte in Phantasien und Tagträumen auslebt, unbewusste Themen und Probleme aus dem Alltag bearbeitet und seine Subjektivität inszeniert. Durch die Assimilation der Umweltgegebenheiten an die subjektiven Bedürfnisse, Vorstellungen und Interessen versucht es, seiner Alltagswelt einen Sinn zu verleihen und ein stimmiges Weltbild zu erhalten. In diesen Spielen gibt es keine klare Trennung zwischen Phantasie und Realität, aber gerade dadurch erwerben die Kinder die Fähigkeit zur Integration innerer und äußerer Realität. Neben ihren noch begrenzten sprachlichen Symbolisierungen finden die Kinder hier ein weites Feld für die Erfindung und kreative Nutzung von Spielsymbolen und ihre Kombination mit Sprachsymbolen.

Von besonderer Bedeutung für die Sprachentwicklung ist zunächst das *Alleinspiel*. Wenn das Kind allein spielt, spricht es mit sich selbst, beschreibt für sich, was es tut, benennt die Gegenstände, die es benützt oder braucht, stellt Beziehungen zwischen seinen Tätigkeiten her oder stellt Fragen. Der Monolog als begleitender Kommentar organisiert das Spiel und die Erfahrung des Kindes. Wygotski bezeichnet dieses Sprechen bei jüngeren Kindern als „synpraktisch" (Lewis 1970, S.133). Später entwickelt es sich in zwei Richtungen weiter: Es wird *kommunikativ* in der Spielgruppe oder individualisiert oder abgekürzt als *Sprechen für sich*. Dieses nimmt mehr und mehr die Form der "inneren Sprache" an, die zum Denken führt, statt die Wörter auszusprechen. Es wird individualisiert, weil es das einzelne Kind für seine eigenen Interessen und Zwecke einsetzt. Es wird abgekürzt, weil das Kind nicht mehr alles äußern muss, sondern sein Tun durch inneres Sprechen begleitet. Das ist ein wichtiger Zwischenschritt hin zu der Form des verbalen Denkens (Britton 1973, S.65).

Aber Kinder sind fast nie allein, wenn sie für sich spielen. Es sind andere Kinder oder Erwachsene in der Nähe, die nicht nur zuschauen, sondern sich einmischen, Anmerkungen oder Vorschläge machen und dadurch neue sprachliche Kommentierungen anregen. In einer Übergangsphase zum sozialen Sprechen tritt nun das *Parallelspiel* auf: In der Familie, auf dem Spielplatz oder in der Kita spielen Kinder nebeneinander, aber für sich. Sie beobachten einander gelegentlich, hören die anderen sprechen und werden dabei in ihrem eigenen Sprachgebrauch gefördert.

Mit zunehmendem Alter wird das kooperative Spiel in der Gruppe immer wichtiger. In den *Fiktions- und Rollenspielen* werden die Kinder zu spontanen und freien Äußerungen angeregt, zu unterschiedlichen Formen imaginativer Symbolisierungen, die ihre Vorstellungskraft fördern. Rollenspiele ermöglichen die Inszenierung von Abenteuern, die Bearbeitung unbewusster Ängste und Konflikte aus dem Alltag, die Regulierung von sozialen Beziehungen und die Erprobung unterschiedlicher Selbstdarstellungen, z.B. in den Rollen als Mädchen oder Junge. Die Kinder üben dabei die *kommunikativen Formen* des Sprechens und lernen, die Standpunkte der Mitspieler, ihre Bedürfnisse und Interessen in Rechnung zu stellen. Beim Aushandeln und Ausgestalten wechselnder Rollen üben sie die Perspektivenübernahme, eine wichtige Voraussetzung für die Überwindung des egozentrischen Denkens.

Die wachsende Beherrschung der Sprache macht das Gruppenspiel in wirksamerer Weise konstruktiv und explorativ. In diese Richtung entwickelt sich das Spiel gegen Ende der frühen Kindheit (mit 4-5 Jahren) weiter; es wird immer komplexer und nähert sich stärker der Realität an. Während in den frühen Fiktions- und Rollenspielen die Kinder die Gegebenheiten ihrer Umwelt an ihre Person assimilieren, geht es nun in den *Konstruktionsspielen, den explorativen oder experimentellen Spielen* um die Anpassung der Wahrnehmungs,- Denk- und Handlungsmuster an die Erfordernisse der Wirklichkeit. Das gilt auch für das Sprechen, das sich nun stärker den sachlichen Anforderungen unterordnen muss. Dabei stoßen die Kinder häufig auf Probleme, die sie im spielerischen Handeln nicht lösen können. Sie versuchen, das Problem sprachlich zu fassen und durch gezielte Fragen von den Erwachsenen eine Lösungshilfe zu erhalten. Im Gegensatz zu den Fragen der 2- bis 3jährigen Kinder sind diese Fragen gezielt auf die Klärung von Beziehungen, Zusammenhängen, physikalischen Phänomenen oder auf die Überprüfung von Hypothesen ausgerichtet (2. Fragealter). Die Erwachsenen (Eltern, Erzieherinnen) können nicht nur Lösungshilfen, sondern auch weiterführende thematische Anregungen geben, Interessen wecken oder methodische Hilfen für künftige Problemlösungsversuche aufzeigen. Die Kinder lernen, verbale Instruktionen gedanklich nachzuvollziehen und in Handlungspläne umzusetzen, was ihre Fähigkeit zum verbalen und begrifflichen Denken fördert.

4.2 Die sprachliche Entwicklung in Handlungsrahmen mit Erwachsenen

Die Sprache der 4-6jährigen Kinder gleicht sich nun mehr und mehr der Erwachsenensprache an. Diese dringt heute früher in die Erlebniswelt der Kinder ein als in der Vergangenheit. Ihre Lebensverhältnisse haben sich so verändert, dass sie schon von klein auf viel intensiver mit der Erwachsenensprache, ihren Denk- und Kommunikationsweisen konfrontiert werden: Viele Kinder wachsen als Einzelkinder in der Familie heran; in den meisten Familien hat sich ein partnerschaftlicher Erziehungsstil durchgesetzt, der eine lockere Gesprächsatmosphäre bevorzugt; die Mehrzahl der Kinder nutzen immer früher und ausgiebiger die Vielfalt der Medienangebote und besuchen bereits im frühen Alter Erziehungs- und Bildungseinrichtungen, in denen die pädagogischen Fachkräfte als sprachliches Vorbild dienen, das Sprechen der Kinder begleiten und regulierend und kontrollierend fördern.

Im Kontakt mit den Erwachsenen sind es bis zum Schuleintritt zwei grundlegende Handlungsrahmen, in denen die Kinder für sich die Funktion der Sprache als Instrument der Welterschließung und Weltaneignung entdecken und für ihren Bildungsprozess nutzen: das *Gespräch* und das *Anschauen/ Lesen von Bilderbüchern*. Beide Rahmen unterscheiden sich grundsätzlich vom Spiel, bei dem das Sprechen in das aktive spielerische, auch körperliche Handeln eingebettet ist. Im Spiel verwenden sie die Sprache in der Teilnehmerrolle, um es zu gestalten und aktiv einzugreifen, um andere Kinder zu informieren, anzuleiten, sich mit ihnen auseinander zu setzen, um zu argumentieren, zu erklären oder zu planen. Hier nun, in den Gesprächen oder beim Bücheranschauen oder Vorlesen befinden sich die Kinder in der „Zuschauerrolle" (Britton 1973, S.98ff.) und handeln nur sprechend. Von der Verantwortung eines Teilnehmers befreit, können sich die Kinder sprachlich die Erfahrungen anderer Menschen zunutze machen. Sie können sie vor dem Hintergrund ihrer eigenen Erfahrungen kommentieren und interpretieren, neue Erkenntnisse in ihr Wissen einordnen und ihr Weltbild neu organisieren. Befreit vom Handlungszwang können sie Gefühle auskosten und dabei auch den sprachlichen Formulierungen Aufmerksamkeit schenken und die Bedeutung, die Möglichkeiten und die Funktionalität unterschiedlicher Sprachformen kennen lernen.

Im Vorfeld des Schuleintritts weitet sich die Lebenswelt der Kinder zunehmend aus und es eröffnen sich neue Rahmen für situativ variierende Gesprächsformen, in die die Kinder verwickelt werden: Bei ganz unterschiedlichen Gesprächsanlässen in der Familie, beim gemeinsamen Fernsehen, bei der Planung von Unternehmungen, bei Besuchen von Verwandten, in der Nachbarschaft, beim Einkauf und anderen Situationen in der Öffentlichkeit; in der Kita beim Morgenkreis, bei der Bearbeitung eines Sachthemas oder der Durchführung eines Projekts, bei der Vorbereitung einer Theateraufführung oder der Regelung eines Konflikts. Sie erfahren und erproben immer neue *Funktionen des*

Gesprächs zur Beziehungsherstellung, zum Meinungsaustausch, zur sachlichen Auseinandersetzung, zur Konfliktregelung, zur Selbstbehauptung, zur Beurteilung, zur Versicherung der Freundschaft.... Diese Gespräche haben immer eine Eindrucks- und eine Ausdrucksseite: Die Kinder bringen ihre Erfahrungen, Ansichten, Überzeugungen, Bewertungen sprachlich zum Ausdruck. In den Reaktionen der anderen lernen sie nicht nur deren Standpunkte, Wertorientierungen und Meinungen kennen, sondern erfahren auch, wie sie von den anderen wahrgenommen werden. Im Vergleich mit ihrer Selbsteinschätzung können sie ihre Identität weiter entwickeln und festigen. Dabei erfolgt eine Ausdifferenzierung der Sprachfähigkeit, die eine wichtige Grundlage für die soziale und moralische Entwicklung des Kindes darstellt.

Forschungen belegen, dass das *gemeinsame Bilderbuchanschauen/-lesen* von der frühen Kindheit bis zum Schuleintritt ein zentraler Handlungsrahmen zur Entwicklung der Sprachfähigkeit bleibt. Eltern oder Erzieherin und Kinder können dabei in aller Ruhe eine Geschichte entfalten und Erklärungen geben, Fragen beantworten und Zusammenhänge aufzeigen. Die Kinder können sich mit einzelnen Figuren identifizieren, in den Geschichten ihre eigene Lebenssituation spiegeln und erkennen, sich an den Werten und Problemlösungsmustern der Helden orientieren und eigene Vorlieben und Interessen ausbilden. Sie lernen Handlungsfolgen zu erkennen und verschiedene Skripts und Erzählformen zu unterscheiden. Sie wollen auch unbedingt selbst erzählen und ihre reichhaltigen Vorstellungen und Phantasien *ausdrücken,* ihre Vorlieben und Interessen darstellen und ihre eigenen Wertorientierungen erproben.

Auch der Handlungsrahmen „Bilderbuch anschauen" wird in dieser Zeit in Familie und Kita enorm erweitert um neue Gattungen von Büchern und Aktivitäten rund um das Buch (Bayerischer Bildungs- und Erziehungsplan, 2006, S.216). Neben das Bilderbuch treten Sach- und Märchenbücher, Bilderlexika und Zeitschriften, Tonmaterialien (Hörspiele, Lieder Märchen) in einer Leseecke und animierte Bilderbücher am Computer. Die dialogorientierte Bilderbuchbetrachtung wird ergänzt um Vorlesen und Erzählen, Spielen oder Zeichnen von Geschichten, Vortragen von Reimen oder Gedichten, Zungenbrechern und Zaubersprüchen. Die Kinder entwickeln Textverständnis und lernen verschiedene Textsorten und Sprachstile zu unterscheiden. Ihre Aufmerksamkeit richtet sich immer stärker auf die geschriebene Sprache, sie erkennen einzelne Wörter oder Buchstaben und versuchen zu lesen. Das sind wichtige Grundlagen für den späteren Schriftspracherwerb und die Lesekompetenz.

In den beiden Handlungsrahmen, im Gespräch und in der Beschäftigung mit Bilderbuchgeschichten, lernen die Kinder, die *expressiven Funktionen der Sprache* zu differenzieren. Sie benutzen die Sprache, um ethische Beziehungen zu anderen zu symbolisieren, Beziehungen zwischen Personen zu billigen oder abzulehnen und andere zu veranlassen, in anerkannter Weise zu handeln. Sie sind in der Lage, ethische Prinzipien zu formulieren und die Sprache als eine Form des sittlichen Verhaltens einzusetzen. In der Identifizierung mit den Helden oder Idolen aus den Geschichten wird es den Kindern möglich, sich selbst zum Gegenstand der Beobachtung und der Reflexion zu machen. Zwar erwerben Kinder auch außerhalb der Sprache ein reichhaltiges Erfahrungswissen über ihr Selbst, aber nur die Sprache ermöglicht ihnen die Ausbildung eines „verbalen Selbst" (Stern 1992, S.25). Erst wenn das Kind ein so *gefestigtes Selbstbild*, eine klare Identität hat, ist es in der Lage, sich aktiv am Aufbau gemeinsamer Erkenntnisse und Regeln, Werte und Überzeugungen, Gefühle und Erwartungshaltungen in der Familie oder der Kindergruppe in der Kita zu beteiligen.

Einen Aspekt von Sprache habe ich bisher völlig außer Acht gelassen: die *syntaktische Dimension*. Wie lernen Kinder, Wörter grammatikalisch richtig aneinander zu reihen, um bestimmte Sachverhalte, Ereignisse, Abläufe, Beziehungen, Strukturen der Wirklichkeit sprachlich zu symbolisieren? Bei den diesbezüglichen Untersuchungen kommen die Forscher zu einem erstaunlichen Ergebnis: Kinder bringen fast von ihren ersten Worten an Äußerungen hervor, die sie niemals zuvor gehört haben können. Und noch erstaunlicher ist, dass die meisten dieser Aussagen mit den Regeln der Syntax der

Muttersprache weitgehend übereinstimmen. Es besteht Konsens darin, dass sechsjährige Kinder im Allgemeinen in der Lage sind, „wohlgeformte", d.h., grammatisch korrekte Sätze zu formulieren und dabei alle in der Muttersprache vorkommenden Satztypen zu verwenden. Dies können sie unmöglich durch die Nachahmung gehörter Äußerungen allein gelernt haben. Vielmehr ist es so, dass Kinder von Anfang an *sprachschöpferisch* tätig sind. Sie bringen nicht nur eigene Laut- und Wortgebilde hervor, sondern erfinden und konstruieren ihr eigenes System grammatischer Regeln. Die Regeln, die sie anwenden, sind ihnen überhaupt nicht bewusst. Sie schaffen kreativ neue Sprachformen und passen sie den jeweils erforderlichen Funktionen im alltäglichen Gebrauch an. Dabei arbeiten sie mit Analogien, korrigieren das System an der Erwachsenensprache und differenzieren es mit zunehmender Sprachfähigkeit immer weiter aus.

5. Sprachentwicklung im Grundschulalter

Die sprachliche Entwicklung wird in dieser Phase immer stärker dadurch beeinflusst, dass das Kind sich zunehmend seiner selbst als Person und seiner Zugehörigkeit zu verschiedenen Gruppen bewusst wird. Es steht damit in einem doppelten Spannungsverhältnis, zwischen der Gleichaltrigengruppe und den Erwachsenen und zwischen Gegenwart und Zukunft. In der Gruppe der Gleichaltrigen wird es mit den Anforderungen des Hier und Jetzt im Alltag konfrontiert. Bei der Übernahme verschiedener Rollen kann es sein Ich darstellen und festigen und eine Position in der Gruppe gewinnen. Im Kontakt mit den Erwachsenen, mit den Eltern und insbesondere den Aufgaben der Schule wird es mit den Erfordernissen der Zukunft konfrontiert und muss sich der Autorität der Älteren unterordnen. Besonders infolge der hohen schulischen Anforderungen sind die Kinder heute einem enormen Leistungs- und Anpassungsdruck ausgesetzt. Aber sie wollen erwachsen werden und dazu müssen sie sich von den Zwängen der Gleichaltrigengruppe und der Erwachsenen schrittweise lösen. Denn nur in der Abgrenzung sowohl von den Gleichaltrigen als auch von den Erwachsenen kann das Kind seine individuelle Persönlichkeit ausformen. Bei der Bewältigung dieser Aufgabe leistet die sich entwickelnde Sprachfähigkeit des Kindes einen ganz entscheidenden Beitrag.
Dabei müssen zwei Aspekte getrennt betrachtet werden: Die Weiterentwicklung des *Sprachgebrauchs* in den Situationen des Alltags und der *Schriftspracherwerb* unter Anleitung der Schule mit den beiden zentralen Anliegen der Förderung der Lese- und der Literacy-Kompetenz.
Der mündliche Sprachgebrauch in der Alltagssprache entwickelt sich durch die Ausdifferenzierung ihrer Funktionen im sozialen Austausch. Das auffälligste Phänomen ist die Entwicklung einer *Mehrsprachigkeit* der Kinder. Mehr als je zuvor werden die Kinder in ihrer Lebenswelt heute täglich mit den Familiensprachen anderer Kinder, mit der Hochsprache in den Medien und in der Schule und mit fremden Sprachen der Kinder mit Migrationshintergrund konfrontiert. Neben der Familiensprache, die sich durch einen spezifischen Sprachstil und besondere Ausdrucksformen auszeichnet, bildet die Gleichaltrigengruppe eine eigene Sprache aus, die das Kind erlernen muss, um sich dort zu behaupten, einen Platz zu erkämpfen und Anerkennung zu finden. Diese Gruppensprache dient nicht nur der Solidarisierung untereinander, sondern vor allem der Abgrenzung von der Autorität der Erwachsenen, von den Erwartungen der Familie und den schulischen Vorschriften der Hochsprache, aber auch gegenüber anderen Gruppen. Dies geschieht durch besondere Wortschöpfungen, eigenwillige Redewendungen und Satzkonstruktionen, in denen die Heranwachsenden – für Erwachsene nicht immer leicht verständlich – ihre Gefühle, Stimmungen und Wertungen, Zu- und Abneigung, ihre geheimen Wünsche und Ängste austauschen. Dabei verbessern die Kinder nicht nur den Gebrauch der *kommunikativen Funktionen* der Sprache: Herstellung, Regelung und Definition von Beziehungen, Konfliktregelung, Beeinflussung, moralische Beurteilung und Kontrolle. Wichtig ist vor allem die

Entwicklung der Fähigkeit, die Sprache hinsichtlich ihrer *personalen Funktionen* effektiv einzusetzen: zur Selbstdarstellung und Selbstbehauptung, zur Selbstbeurteilung und Selbstvergewisserung, zur Inszenierung und Erprobung der eigenen Identität. Für die allmähliche Ablösung der Kinder von Eltern und Schule eröffnet ihnen die zunehmende Sprachbeherrschung die Möglichkeit, ihre eigene Welt entsprechend ihren Wünschen, Hoffnungen, Phantasien und Träumen in Gedanken verbal zu konstruieren. Diese Sprachfähigkeiten könnte sich die Schule in der Pflege von Rollenspielen, dramatischem Spiel und Schultheater zu Nutze machen, um die Kinder über ihre Schulleistungen hinaus auch in ihrer Persönlichkeitsentwicklung zu fördern (Britton 1973, S.141ff.).

Mit dem Eintritt in die Grundschule ist die Sprach- und Denkentwicklung bei den Kindern in der Regel soweit fortgeschritten, dass sie nun systematisch in den *Schriftspracherwerb* eingeführt werden können. Dies ist eine elementare Voraussetzung für eine aktive Teilnahme am sozialen und kulturellen Leben. In der Konzeption der internationalen PISA-Studie wird die Beherrschung der Muttersprache in Wort und Schrift als Kernbestand kultureller und sprachlicher Literalität gekennzeichnet. Lesekompetenz und Literacy-Kompetenz werden als basale Kulturwerkzeuge angesehen und als ein wesentlicher Teil sprachlich-literarischer Grundbildung betrachtet (Deutsches PISA-Konsortium 2001, S.69ff.).

Im Unterschied zu den bisherigen Entwicklungsphasen wird der Schriftspracherwerb des Kindes nach systematischer Planung gefördert und kontrolliert. Hier kann es allerdings nicht darum gehen, diese Prozesse und die Entwicklung der Sprachfähigkeit durch den Deutschunterricht oder andere schulische Fördermaßnahmen zu beschreiben. Wichtig ist hier, dass sich durch Schule die Rahmenbedingungen für die Sprachentwicklung deutlich verändern. Die in der Vorschulzeit bestimmende spielerische Erkundung der Wirklichkeit durch die Kinder wird in der Schule mehr und mehr durch eine klare *Aufgabenorientierung* ersetzt. Dies ist der Rahmen für die Ausdifferenzierung der Funktionen der Sprache für die Welterschließung und Weltaneignung sowie für das Denken, das Problemlösen oder ganz grundlegend für alle Lernprozesse der Kinder (Spanhel 1972; Spanhel 1973).

In der Grundschule werden die Kinder ständig mit Aufgaben konfrontiert, die zu ihrer Bewältigung ein Mindestmaß an *Sprachverstehen* und *Lesekompetenz* verlangen: Kinder müssen die Darstellungen, Erläuterungen, Argumentationen und Arbeitsanweisungen der Lehrerin verstehen und aus unterschiedlichen Textsorten sachliche Informationen entnehmen können, um sie in Kombination mit ihrem Vorwissen für die Aufgabenlösungen einzusetzen. Diese Voraussetzungen für Aufgabenbewältigung sind zugleich die Bedingungen dafür, dass die Kinder lernen, ihre Sprache immer differenzierter als Werkzeug für unterschiedliche Funktionen bei der Bearbeitung sachlicher Anforderungen zu gebrauchen:

- Sie entwickeln die Fähigkeit, kontinuierliche Texte, z.B. Erzählungen, Darlegungen, Argumentationen, Beschreibungen sowie nicht kontinuierliche Texte, z.B. Diagramme, Tabellen, Formulare, schematische Zeichnungen zu verstehen, zu interpretieren und hinsichtlich Inhalt und Form zu reflektieren und zu bewerten.
- Im Verlaufe der Grundschulzeit ist damit eine immer bessere Beherrschung verschiedener Textsorten im Mündlichen und dann auch im Schriftlichen verbunden: Die Kinder können gezielt Informationen aus Texten entnehmen, sprachlich formulieren und verständlich übermitteln.
- Sie erweitern ihren Wortschatz durch die unterschiedlichen Fachgebiete in den verschiedenen Unterrichtsfächern. Im grundlegenden Sachunterricht z.B. bahnt sich der Beginn einer erweiterten Mehrsprachigkeit an, wenn die Kinder sich schrittweise einen Wortschatz abstrakter Termini aus unterschiedlichen Fachsprachen, z.B. der Naturwissenschaften aneignen.
- Sie benützen die Sprache zur *Stützung kognitiver Prozesse* in folgender Weise: die Benennung von Gegenständen, die Klassifizierung von Objekten, ihre Gruppierung in Übereinstimmung mit zwei oder mehr Merkmalen oder ihre Reihung nach bestimmten Kriterien, die Formulierung von Verfahrensgrundsätzen, Vergleiche mit dem Vorwissen (Lewis 1970, S.247ff.).

- Entscheidend ist, dass die Kinder auf der Grundlage konkreter Handlungserfahrungen beim Problemlösen, aus Beobachtungen, Experimenten oder Projekten zur *Begriffsbildung* geführt werden und lernen, dass Wörter kognitive Operationen oder Denkmuster repräsentieren. Eine Schulklasse bildet sprachliche Begriffe zur Symbolisierung gemeinsamer Erfahrungen aus und nutzt sie als Forschungsinstrument für weitere Aufgaben.

Zur Entwicklung dieser Fähigkeiten im Gebrauch der Sprache als Mittel zur Repräsentation von Erfahrungen und zur Aneignung der Erfahrungen anderer Menschen muss in der Grundschule größtes Gewicht auf das Reden-und-Tun gelegt werden (Britton 1972, S.138). In dieser Phase des konkreten Denkens muss das Sprechen des Kindes als Ergebnis eigener Handlungserfahrungen möglichst eng mit der Wirklichkeit verklammert bleiben. Der beste *Rahmen für Primärerfahrungen* sind kleine *Arbeitsgruppen*, je kleiner, desto größer die Summe an wichtigem Sprechen, das gleichzeitig möglich ist, desto größer die Menge nützlicher Beratungen zwischen den Gruppen und der Lehrkraft. Dieses Sprechen beim Tun bietet zugleich ausreichend Gelegenheiten und die beste Schule im Zuhören als wichtige Voraussetzung für die Weiterentwicklung der Lesekompetenz.

Aber die Sprache ist nicht nur Werkzeug zur Weltaneignung und das Lesen ist nicht nur Mittel zur Wissensanreicherung und zum Aufbau von Wissensstrukturen. Mit der zunehmenden Lesekompetenz der Kinder erfolgt zugleich eine verstärkte *Hinwendung zur Sprache selbst*, zu den sprachlichen Zeugnissen der menschlichen Kultur, der Literatur in ihren unterschiedlichsten Ausprägungen und damit eine stärkere Bewusstheit von den Leistungen und der Schönheit der Sprache. Zu Beginn der Schulzeit, wenn die meisten Kinder noch nicht richtig lesen können, ist es wichtig, dass der Lehrer immer wieder seiner Klasse vorliest. Die Kinder lernen dabei die Kunst des Zuhörens beim Vorlesen von Texten, was etwas anderes ist als das Zuhören bei einer mündlichen Erzählung. Ihre phonologische Bewusstheit wird gefördert, d.h. die Fähigkeit, die Lautstruktur der gesprochenen Sprache korrekt zu erfassen. Sie sammeln Erfahrungen mit den Ausdrucks- und Gestaltungsmöglichkeiten und den Formen geschriebener Sprache und sie werden zum selber Lesen motiviert.

In der Literatur begegnet das Kind einer zweiten, *symbolisch repräsentierten Wirklichkeit*, die es sich mit seiner Sprach- und Lesefähigkeit zunehmend erschließen kann. Das Eindringen in diese faszinierende Welt der Literatur beruht auf dem *Prozess des Textverstehens*: In der Auseinandersetzung mit dem Text konstruiert das Kind seine eigene Bedeutung, indem es die im Text enthaltenen Aussagen mit seinen eigenen Erfahrungen, seinem Vorwissen und seinem Sprachwissen verbindet. In diese Interaktion zwischen Text und Kind gehen aber auch die Gefühlslage, die Erwartungen, die Ziele und Wertvorstellungen des Kindes ein. Je besser das Kind liest, desto tiefer dringt es in die symbolischen Sinnwelten der Literatur ein und kann sich unendliche Möglichkeiten der Erfahrungsgewinnung erschließen, nun allerdings auf der gedanklichen, an seine Sprachfähigkeit gebundenen Ebene. Damit eröffnet die Literatur den Kindern Möglichkeiten, ihre Phantasie zu erweitern, im gedanklichen Probehandeln ihr Selbstbild zu überprüfen und kritisch unterschiedliche Rollenausprägungen, Konfliktlösungsstrategien, Wertorientierungen, Lebensstile und Weltbilder zu betrachten. In der Auseinandersetzung mit den symbolischen Sinnwelten findet das Kind Hilfen zur Bewältigung aktueller Lebensprobleme und Entwicklungsaufgaben, zum Aufbau eines eigenen Systems an Wertorientierungen, zur Identitätsentwicklung und Möglichkeiten des ästhetischen Erlebens und der Befriedigung von Unterhaltungsbedürfnissen.

Die besondere Bedeutung einer intensiven Beschäftigung mit literarischen Texten für die weitere Entwicklung der Sprachfähigkeit liegt in dem Angebot an Vorbildern für korrektes Sprechen, in der Vielfalt an Anregungen für sprachliche Formulierungen und variable Ausdrucksmöglichkeiten, in dem riesigen Angebot an Inhalten und Themen, die weiterführende Gespräche in der Familie, in der Kindergruppe und in der Schule anregen.

■ Literatur

Bayer. Staatsministerium für Arbeit und Sozialordnung, Familie und Frauen; Staatsinstitut für Frühpädagogik München (2006): Der Bayerische Bildungs- und Erziehungsplan für Kinder in Tageseinrichtungen bis zur Einschulung. Weinheim, Basel: Beltz

Boeckmann, Klaus (1994): Unser Weltbild aus Zeichen. Zur Theorie der Kommunikationsmedien. Wien

Britton, James (1973): Die sprachliche Entwicklung in Kindheit und Jugend. Düsseldorf. Schwann

Deutsches PISA-Konsortium (Hrsg.) (2001): PISA 2000. Basiskompetenzen von Schülerinnen und Schülern im internationalen Vergleich. Opladen: Leske+Budrich

Kaye, Kenneth (1982): The mental and social life of babies. How parents create persons. Chicago: University Press

Keller, Heidi (Hrsg.) (2003): Handbuch der Kleinkindforschung. 3. erw. und korr. Aufl. Bern, Göttingen: Herder

Lewis, Morris, Michael (1970): Sprache, Denken und Persönlichkeit im Kindesalter. Düsseldorf: Schwann

Schäfer, Gerd E. (1995): Bildungsprozesse im Vorschulalterter. Selbstbildung, Erfahrung und Lernen in der frühen Kindheit. Weinheim, München: Juventa

Spanhel, Dieter (1972): Schülersprache und Lernhilfe. In: Die Grundschule 4 (1972) H.4, S.254-264.

Spanhel, Dieter (Hrsg.) (1973): Schülersprache und Lernprozesse. Düsseldorf: Schwann

Spanhel, Dieter (1999): Der Aufbau grundlegender Medienkompetenzen im frühen Kindesalter. In: Gogolin, I./Lenzen, D. (1999) (Hrsg.): Medien-Generation. Beiträge zum 16. Kongress der Deutschen Gesellschaft für Erziehungswissenschaft, S.225-244. Opladen: Leske+Budrich

Stern, David (1992): Die Lebenserfahrung des Säuglings. Stuttgart: Klett-Cotta

Tenorth, H.-E. (1994): „Alle alles lehren". Möglichkeiten und Perspektiven allgemeiner Bildung. Darmstadt

Tomasello, Michael (2002): Die kulturelle Entwicklung des Denkens. Zur Evolution der Kognition. Frankfurt/M: Suhrkamp

Gudula List

Die Entwicklung narrativer Kompetenzen, oder: Wie das erzählende Ich entsteht

■ ‚Erzählkultur'

Das Kompositum ‚Erzählkultur' verweist auf einen evidenten Zusammenhang: *Erzählen*, zumal das mündliche (aber auch das schriftlich mit dem Leser kommunizierende), ist kein einsames Geschäft, es vollzieht sich als Interaktion, ist im weitesten Sinne ein gesellschaftliches Ereignis – Teilstück kultureller Überlieferungs- und Übersetzungsprozesse. Dabei lebt die narrative Spannung zum Gutteil von *Lücken*, also von dem, was gar nicht mitgeteilt wird, weil die Erzählenden bei den Zuhörenden auf ein lebensweltliches Wissen bauen können, das beide Seiten teilen.

Nehmen Sie die folgende kleine Geschichte: „Es war ein Sonntag. Allen lief das Wasser im Munde zusammen, als sie vor der dampfenden, köstlich duftenden Suppe saßen. Diese aber erwies sich als so heiß, dass man Evchen ganz schnell zum Notarzt schaffen musste. Er konnte ihr gleich so gut helfen, dass schließlich alle die Suppe doch noch genießen konnten. Es waren sogar Sternchen drin".

Wie viel wissen wir doch über das, was im Text gar nicht enthalten ist: Es geht um mindestens drei Personen; eine davon, die Protagonistin, ist unachtsam und wohl noch ein Kind. Es ist gar nicht die Rede davon, dass Evchen sich an der heißen Suppe verbrannt hat, nur von den Folgen erfahren wir etwas. Es ist uns auch klar, dass man mit der Kleinen nicht einfach zur Ärztin nebenan eilen konnte, denn am Sonntag sind die meisten Praxen zu. Und schließlich sind wir überhaupt nicht über die Sternchen verwundert, denn wir wissen alle, dass es diese kleinen Nudeln gibt, die in einer Suppe schwimmen.

Bevor kleine Kinder Geschichten erzählen, oder sie auch nur verstehen können, müssen sie sich nicht nur Sprache, sondern auch kulturelles Wissen angeeignet haben, Wissen darüber, wie der Alltag in einer Gemeinschaft organisiert ist. Denn es geht ja nicht nur um das Entschlüsseln sprachlicher Botschaften und um die Fähigkeit, wohlgeformte Sätze aneinander zu fügen. Kinder müssen lernen, mit dem eigenen *Wissen* und dem anderer zu spielen, Leerstellen und Brüche in Erzählungen zu verkraften und sie selbst auch angemessen zu platzieren. Vor allem müssen sie *Gewöhnliches* (also kulturell Kanonisiertes, das erfahrungsgemäß auf immer ähnliche Weise geschieht) von *Außergewöhnlichem* unterscheiden können. Im Alltagswissen sei zunächst einmal das Kanonische aufbewahrt, so Jerome Bruner, dem wir reiche Erkenntnis über diese Thematik verdanken. Zugleich aber stelle Alltagswissen wirksame Mittel zur Verfügung, um im Kontrast zum Gewöhnlichen auch mit ungewöhnlichem Geschehen verstehend umzugehen. „Während eine Kultur auf der einen Seite eine Menge von Normen umfaßt, muß sie auf der anderen Seite auch eine Menge von interpretativen Verfahren enthalten, um Abweichungen von diesen Normen im Rahmen festgelegter Muster von Überzeugungen Sinn zu verleihen" (Bruner [1990] 1997, S.64). Es sind diese narrativen Interpretationen, die uns in den Stand setzen, Sinn auch aus Andeutungen, Bruchstücken und Widersprüchen zu konstruieren. Von einer „zweifachen Landschaft", die sich in Geschichten auftue, spricht Bruner in diesem Zusammenhang und meint damit, dass neben *realem* Geschehen zugleich *mentale* Ereignisse ablaufen, die bewirken, dass Neues und Ungewöhnliches vor dem Hintergrund des Erwartbaren und Kanonischen verstanden werden kann – auf Schritt und Tritt, ein Leben lang, und erst recht bei der Verarbeitung und beim Erzählen von Geschichten.

Folgt man dem Autor hierin und schaut ganz auf den Anfang von Enkulturation, dann stellt man fest, dass schon ganz kleine Kinder, bevor sie mit Sprache überhaupt umgehen, sich in gewisser Weise auf den Stoff einstellen, aus dem auch *Geschichten* für sie sein werden, also darauf, Ungewöhnliches von Gewöhnlichem zu unterscheiden. Schon im ersten Lebensjahr kann man mit Babys so genannte ‚Habituierungsexperimente' durchführen. Bietet man ihnen dabei ein akustisches oder visuelles Muster in Folge immer wieder an, so gewöhnen sie sich daran und schalten nach anfänglichem Aufmerken auf ihre normalen physiologischen Frequenzen zurück. Sobald aber etwas Neues, überraschend Anderes kommt, ist die Langeweile zerstoben; die kleinen Versuchspersonen gestikulieren dann lebendig, ihre Herzfrequenz sinkt ab, sie schauen länger auf das neue Muster und verstärken ihre unwillkürliche Saugtätigkeit an dem präparierten Schnuller, der zur experimentellen Ausstattung gehört.

■ Spracherwerb jenseits der Satzgrenzen

Die vielgestaltigen Entwicklungsverläufe, die von diesen Anfängen schließlich nach Jahren zur Herausbildung narrativer Kompetenzen bei Kindern führen, werden seit einiger Zeit in der Forschung ausführlich beschrieben. Seit einiger Zeit: das will heißen seit etwa vier Jahrzehnten, als man endlich damit begann, den kindlichen Spracherwerb auf breiter Basis auch *jenseits* der Ebenen von Lexikon, Morphologie und Syntax zum Thema zu machen. Die Vorlage dazu hat die Textlinguistik geliefert, eine junge Teildisziplin der modernen Sprachwissenschaft.
Beschäftigung mit Texten gibt es schon lange: in der Literaturwissenschaft, der Rhetorik, der Kulturanthropologie – während für die strukturalistische Linguistik lange Zeit der ‚Satz' als oberste Bezugseinheit galt. Als schließlich in den 1960er Jahren die Textlinguistik aufkam (inzwischen arbeitet sie interdisziplinär und ist weit verzweigt, vgl. Brinker et al. 2000/2001), hat sie sich zuerst der Gattung der erzählenden Monologe gewidmet und Geschichten zunächst ganz analog zu Sätzen analysiert. Sie hat Bedingungen der Wohlgeformtheit formuliert, die erfüllt sein müssen, um aus einer Folge von kleineren sprachlichen Einheiten formal und inhaltlich einen kohärenten, erzählwürdigen ‚Text' zu machen. Im Grunde wurde in dieser Anfangszeit das eingeführte Instrumentarium des Fachs also lediglich auf eine erweiterte Untersuchungseinheit angewendet. Dies war zum einen als *lineare* Anforderung an die inhaltliche Abfolge organisiert: Am Anfang stehe eine Orientierung, in der Personen und ihre Absichten, Ort und Zeit eingeführt werden, dann komme es zu einem Höhepunkt, einer Komplikation, die am Ende aufgelöst und bewertet wird (prägend: Labov & Waletzky [1967] 1973). Zum andern galt die Aufmerksamkeit einer *hierarchisch* organisierten Struktur, einer so genannten ‚Geschichtengrammatik', verstanden nach dem Muster, das die generative Transformationsgrammatik für die Herauspräparierung der Oberflächenstruktur eines Satzes aus seiner Tiefenstruktur vorgeführt hat: Obenan in der sich nach unten verzweigenden Baumstruktur steht ein abstraktes ‚setting', ein Vorhaben (bekanntes Beispiel: ein Besuch im Restaurant), das in einer Folge von Episoden immer weiter herunter buchstabiert wird. Man erhält (erste Episode) einen Tisch im Restaurant zugewiesen und nimmt Platz, sucht aus der Speisekarte die Gerichte aus und bestellt (nächste Episode), man prostet einander zu und speist, bestellt die Rechnung und bezahlt, und (letzte Episode) man zieht die Mäntel an und geht (Schank & Abelson 1977). Es ist den Geschichtengrammatiken nicht zu Unrecht vorgehalten worden, sie bildeten lediglich übliche Routinen ab, markierten aber die Höhepunkte außergewöhnlicher Ereignisse und deren Auflösung nicht, die Geschichten erst erzählwürdig machen.
War die Textlinguistik bis zu diesem Punkt nur so weit gekommen, auf linearem oder hierarchischem Weg *Monologe* zu untersuchen, so trat später ein Interesse an der dialogischen Verfassung von Erzählungen hinzu, also an der vom Erzählenden und Zuhörenden gemeinsam geleisteten Konstruktion

von Geschichten, und damit hat sich die Textlinguistik zur Konversationsanalyse erweitert (in der deutschen Forschung etwa Quasthoff 1980).

Erst in diesem Rahmen ist auch bald ein Interesse an der kindlichen Entwicklung narrativer Kompetenzen aufgekommen und hat nun neben Linguistinnen und Sprach-Didaktikern (in Deutschland z.B. Becker 2001, Boueke et al. 1995, Ehlich & Wagner 1989, Hausendorf & Quasthoff 1996) vor allen Entwicklungspsychologen beschäftigt, dies allerdings überwiegend im anglo-amerikanischen Raum. Für entwicklungspsychologisches Interesse ging es dabei vorrangig um Altersvergleiche vom Vorschulalter an, zuweilen auch um Kultur- oder besser: Sprachenvergleiche (Berman & Slobin 1994). Auch hier standen zunächst die *Monologe* von Kindern im Vordergrund, die man durch Bildergeschichten oder verbale Impulse anregte und im Hinblick auf ihre mit dem Alter zunehmende Annäherung an die Standardformen der Erzählgewohnheiten Erwachsener analysierte. Viele Untersuchungen ergaben, dass Kinder ab etwa sechs, sieben Jahren beginnen, den Erwachsenenmodellen zu folgen, sowohl was die lineare Abfolge von Ereignissen als auch was die interne temporale und kausale Geschichtenstruktur und ihrem kohäsiven Zusammenhalt betrifft. Deshalb wurden meist drei Altersgruppen herangezogen: eine deutlich jüngere, um die vier Jahre alte, eine um die Phase des Schuleintritts, und eine um neun Jahre alte Gruppe. Auf diese Weise sind viele Daten zusammengetragen worden, die wichtige Ergänzungen zu vorliegenden Befunden der Sprachentwicklung auf lexikalischem und syntaktischem Niveau erbracht haben, weil sie hierüber hinaus die pragmatischen und kommunikativen Aspekte der Entwicklung zu interpretieren erlauben.

Nichtsdestoweniger handelt es sich selbst hierbei letztlich um *Oberflächendaten*, die dabei stehen bleiben, den Entwicklungsfortschritt als bloße Zunahme an Form und Inhalt bei Erzählungen zu dokumentieren. Dies ist nun genau der Punkt, an dem das besondere Interesse psychologischer Fachrichtungen sich einbringen muss; das Interesse an den *Prozessen* der kognitiven und sozialen *Entwicklung*, die solchen Oberflächendaten zu Grunde liegen. Deshalb sind hier auch die auf *Gespräche* angelegten Studien die Basis, zumal dann, wenn sie Einblicke in die interpersonale Ko-Konstruktion des sich ausbildenden Selbst geben können. Ich will mich im Weiteren auf diesen Ausschnitt der Entwicklung narrativer Kompetenzen bei Kindern konzentrieren und mich vor allem dem entstehenden autobiographischen Gedächtnis zuwenden.

▪ 'Narrative Psychologie'

Im Verlauf des vergangenen Jahrhunderts hat es innerhalb der Psychologie zwei ‚Wenden' gegeben: eine ab den späten 1950er Jahren, als die ‚kognitive' Psychologie die ‚behavioristische' abgelöst hatte; eine allgemein als längst fällige Befreiung von seelenloser Reiz-Reaktions-Maschinerie empfundene Neuorientierung. Die zweite Wende, ab den 1980er Jahren, wird als die ‚interpretative' oder ‚narrative' bezeichnet, ist aber nur in Teilen der Psychologie mit vollzogen worden. Entstanden war sie aus Enttäuschung darüber, dass mit der ersten, der kognitiven Wende, nicht wirklich ein Interesse am mentalen Geschehen, an intentionalen Zuständen und Sinnkonstitution Platz gegriffen hatte. Denn im ‚main stream' der kognitiven Psychologie interessierte man sich weniger für Probleme der Konstruktion von *Bedeutung* und stellte sich stattdessen immer deutlicher auf die Verarbeitung von *Informationen* ein. Statt sich mit den Kulturwissenschaften zu verschwistern, näherte sich die kognitive Psychologie damit immer mehr der formalen Logik, der strukturellen Linguistik und der Computerwissenschaft, seit einiger Zeit auch den Neurowissenschaften an.

Jerome Bruner, auf ihn will ich mich hier vor allem beziehen, war zunächst maßgeblich an der kognitiven Wende beteiligt und wurde dann zu einem Wortführer der zweiten, der narrativen Wende. Sein Beitrag ist deshalb so geeignet, unserem Thema einen Rahmen zu geben, weil er in seinen jüngeren Arbeiten die Person als ein sich im Lebenslauf veränderndes *erzählendes Ich* begreift: Die Menschen erschaffen sich für ihr Selbstverständnis einen sinnvollen Zusammenhang im kulturellen Kontext, indem sie ihre Geschichte erzählen und sie dabei immer wieder neu gewichten und bewerten. „Man hat keine Lebensgeschichte, sondern verfasst sie immer wieder neu" (Brockmeier 1999, S.23). Die Person macht sich damit gewissermaßen selbst zum Protagonisten, der in der Gegenwart den Erzählenden einholt, um Projekte für die Zukunft zu entwerfen – gewissermaßen ein Zwiegespräch mit dem vergangenen, in der Erzählung aktualisierten Selbst. Wenn hiervon nun gegenüber anderen berichtet wird, so geht es nicht um ein getreues Nacherzählen, sondern stets um ausgewählte, rekonstruierte und interpretierte Ereignisse. Ihre Auswahl mitsamt den motivationalen und zeitgeschichtlichen Zusammenhängen wird davon mitbestimmt, wem gegenüber und in welchem Kontext sie vorgebracht werden. Bruner spricht vom ‚Markieren' von ‚Wendepunkten' und sieht diesen Akt als entscheidend für die Individualisierung eines Lebens an. Einerseits seien wir bestrebt, uns als typisch und damit ‚kulturbestätigend' zu präsentieren. Zum andern fokussieren wir uns: „um Individualität sicherzustellen, (…) auf das, was im Lichte der Alltagspsychologie als außergewöhnlich in unserem Leben (und damit erzählenswert) betrachtet wird." (Bruner 1999, S.15). Wie entwickelt sich diese narrative Kompetenz und mit ihr die Beherrschung der Balance zwischen alltagspsychologisch Erwartbarem und Singulär-Erzählwürdigem? Wie beginnen Kinder, ihrem alltäglichen Leben mit seinen Erfahrungen, seinen sozialen Bindungen und ihrer eigenen Rolle darin, *Sinn* zu verleihen? Wie lernen sie, ihr Leben in Geschichten zu organisieren? Und vor allem: Wie gestaltet sich dieser Erwerbsprozess *in der Interaktion*?

■ Die Entwicklung des narrativen Selbst

Es gibt eine eigenartige Erfahrung im Erwachsenenleben, die zuerst Sigmund Freud beschrieben und als *infantile Amnesie* bezeichnet hat: Wir schaffen es in aller Regel nicht, uns an das zu erinnern, was wir vor unserem dritten, vierten Geburtstag erlebt haben, und wenn wir es dennoch zu tun glauben, dann ist das meist den späteren Erzählungen derer zu danken, die unsere Kindheit miterlebt haben.

Eigenartig mutet das deshalb an, weil inzwischen aus der Entwicklungspsychologie so viel darüber bekannt ist, wie potent das Gedächtnis schon bei kleinen Kindern funktioniert, auch schon vor der Zeit, in der man mit ihnen verbal kommunizieren kann und deshalb für Schlüsse auf das Erinnerungsvermögen noch ganz auf ihr nonverbales Verhalten angewiesen ist. Anders als Freud, der die kindliche ‚Amnesie' mit der Notwendigkeit der Verdrängung früher Erfahrungen begründet hat, hält man es heute für wahrscheinlich, dass explizite Erinnerungen aus den ersten Lebensjahren deshalb nicht verfügbar sind, weil sie sprachlich noch nicht verankert werden konnten (Simcock & Hayne 2002). Denn erst ab einem Alter von ungefähr 18 Monaten kann man damit beginnen, mit Kindern über zurückliegende Erlebnisse zu sprechen. Eltern und andere Betreuer, die bei den Erlebnissen zugegen waren, engagieren sich gern in diesen Gesprächen, und zwar auf sehr unterschiedliche Weise. Sie verhelfen kleinen Kindern damit zum Einstieg in ihre erzählbare Erinnerungswelt und führen in solchen Gesprächen zunächst einmal eindeutig die Regie. Etwa so:

Vater: Du bist hingefallen, nicht? Du bist an einer Wurzel hängengeblieben und bist gefallen. Hat es wehgetan?
Kind: Nein
V.: Ja, ich weiß nicht mehr, aber ich denke, du hast ein bisschen geweint, oder?
K.: Hm
V.: Kann sein, das ist schon lange her
K.: Hm
V.: Na, was haben wir noch gemacht? Wir sind spazieren gegangen und haben uns im Wald hingesetzt. Und haben herumgeguckt. Es war richtig schön da. Alles war grün. Und die Vögel haben gesungen und Lärm gemacht. Und dann sind wir zurückgegangen und haben das Auto genommen und sind zu Peter und Hanna gegangen. Erinnerst du dich?
K.: Peter und Hanna
V.: Das war in unserem Urlaub im Schwarzwald, gelt?
Oder auch so:
Mutter: Erinnerst du dich an Ostern?
Kind: Ja
M.: was haben wir Ostern gemacht?
K.: Was?
M.: Was haben wir Ostern gemacht?
K.: Ja
M.: Wir haben Eier gefärbt
K.: Ja
M.: Wer hat uns dabei geholfen?
K.: Was?
M.: Weißt du noch, wer uns geholfen hat?
K.: Hm
M.: Großmutter Gertrud
(Beispiele abgewandelt aus Fivush & Reese 1992)

Am Anfang führen also die Erwachsenen die Regie. Sie sind es, die Inhalte einbringen und dramatisieren, während die Kinder sich zunächst auf Bekundungen ihrer Aufmerksamkeit und auf Bestätigungen beschränken, allenfalls Teile der Äußerungen Erwachsener wiederholen.

■ Der Part der Erwachsenen

Wie man sieht, legen Erwachsene im Gespräch mit kleinen Kindern, die sich selbst verbal noch wenig einbringen können, ganz unterschiedliche Stile an den Tag. Sie variieren auf einer großen Bandbreite von Elaboriertheit und sind darin gewiss abhängig von der eigenen Sozialisationsgeschichte, aber auch von momentanen Anlässen und Stimmungen. Es gibt die teilnehmende und reich ausschmückende Weise über das zu reden, was gemeinsam erlebt wurde. Dabei werden Fragen gestellt, Details hervorgehoben und Urteile und Bewertungen der Kinder herausgelockt. Andere Gesprächsformen springen rasch von einem Gegenstand zum andern, wiederholen Fragen statt sie zu variieren, arbeiten eher auf ganz bestimmte Antworten hin und bringen sie schließlich oft selbst ein.
Das hat nicht unbedingt etwas mit größerer oder geringerer Redseligkeit oder mit der Beziehung zum konkreten Gesprächspartner zu tun, aber es scheint, bei aller situationellen Variation, zunächst einmal ein relativ stabiles habituelles Interaktionsverhalten zu sein. Vorsicht ist wohl geboten,

allzu rasch eine Verbindung zu schichtspezifischem Sprachverhalten zu ziehen, obwohl es durchaus Hinweise auf diesen Faktor gibt (z.B. Hoff-Ginsburg 1991, Peterson 1994). Die Mehrzahl der Untersuchungen, die vorliegen, haben aber Mütter und ihre Kinder aus Mittelschichtfamilien einbezogen und auch hier war durchaus ein Spektrum an Elaboriertheit nachweisbar. Gesichert ist indessen in Langzeituntersuchungen ein deutlicher korrelativer Zusammenhang zwischen dem Ausmaß an ausschmückendem Redestil von Müttern und der späteren kindlichen Gedächtnisleistung, gemessen an Qualität und Quantität ihrer Narrationen über vergangene Erlebnisse in späteren Jahren (Reese et al. 1993). Das bedeutet, dass der Grad der mütterlichen Elaboriertheit sich im Fortschritt der narrativen Kompetenz der Kinder wiederfindet. Umgekehrt gibt es den korrelativen Nachweis, dass der positive Einfluss, den ein elaborierter mütterlicher Konversationsstil auf die Kinder hat, ermunternd zurückschlagen kann auf das Gesprächsverhalten der Mütter, wenn Kinder sich verbal aktiver beteiligen können (Harley & Reese 1999).

■ Elaborierter Gesprächsstil ist lernbar

Wenn nun ein Interaktionsstil, wie er in dem *ersten* Textbeispiel mit einem ganz kleinen Kind zur Anwendung kommt, in der Folge nachweislich einhergeht mit höherer narrativer Kompetenz bei Kindern, wenn sie dabei sind, ihr Selbst auszugestalten, dann tut sich die Frage auf: Kann man Eltern und anderen Betreuern Ratschläge geben, um sie zu elaborierten Redestilen anzuregen? Damit ginge es darum, über korrelative Zusammenhänge hinaus, eine *verursachende* Wirkung zu belegen. Es gibt tatsächlich eine Reihe von *Interventionsstudien*, die sinnvollerweise gerade mit Probandenfamilien durchgeführt werden, die nicht der Mittel- und Oberschicht angehören.

Eine kanadische Untersuchung (Peterson et al. 1999), die ich hier beispielhaft heranziehen möchte, hat Mütter aus Unterschichtfamilien (alle waren Empfänger von Sozialhilfe) einbezogen, deren Kinder zu Beginn im Durchschnitt dreieinhalb Jahre alt waren. Sie wurden per Zufall einer Experimental- und einer Kontrollgruppe zugeteilt. Die Mütter der Experimentalgruppe wurden ein Jahr lang ausführlich in Gesprächen und Rollenspielen darüber unterrichtet, wie wichtig es für die Entwicklung ihrer Kinder sei, dass sie
- sich häufig mit ihnen über zurückliegende Erlebnisse unterhalten und ausführlich über Kontext, Ort und Zeitpunkt der Ereignisse sprechen,
- dabei viele offene Fragen stellen und wenige, auf die das Kind nur mit ja oder nein antworten kann,
- gut zuzuhören und das Kind zu mehr Ausführlichkeit anzuregen,
- möglichst viel dem Kind überlassen, über was es sprechen möchte.

Alle zwei Monate besuchten die Autorinnen die Familien und standen zwischendurch auch telefonisch mit ihnen in Kontakt. Die Familien der Kontrollgruppe erhielten keine Ratschläge, sondern wurden lediglich darüber informiert, dass man sie regelmäßig besuchen würde, um mehr über kindliche Sprach- und Gedächtnisentwicklung zu erfahren.

Zu drei Zeitpunkten wurden alle Familien von einer Person aufgesucht, die nicht über die jeweilige Gruppenzugehörigkeit informiert war. Sie zeichnete die Gespräche zwischen Müttern und Kindern auf, führte einen Wortschatztest mit den Kindern durch und untersuchte ihre narrativen Fähigkeiten: Das geschah vor Beginn der Intervention, nach Abschluss der Interventionsperiode und ein weiteres Jahr später, nachdem keine Betreuung mehr stattgefunden hatte. Die Vergleiche zwischen dem Zeitpunkt vor und unmittelbar nach der Intervention bestätigten weit überzufällig (statistisch also hoch signifikant), dass sich das Gesprächsverhalten der Mütter der Experimentalgruppe in dem empfohlenen Sinn verändert hatte. Erwartungsgemäß blieb das Gesprächsverhalten der Mütter in der Kontrollgruppe unverändert. Die Kinder der Experimentalgruppe, nicht aber die der Kontrollgruppe, verzeichneten einen signifikanten Anstieg im Vokabeltest. In beiden Gruppen gab es *innerhalb* des Interventionsjahres zwar wenig Anstieg in den für narrative Kompetenz der Kinder erhobenen Kennwerten. Jedoch ließen sich die Zugewinne hierin in der Folgeuntersuchung nach einem weiteren Jahr, als die Kinder fünf Jahre alt waren, in der Experimentalgruppe als hoch signifikant nachweisen. Mit anderen Worten: Die Veränderung des mütterlichen Gesprächsverhaltens brachte kurzfristig zwar nur den Anstieg in einem Kennwert für allgemeine Sprachkompetenz mit sich (dem Wortschatztest), führte jedoch längerfristig zu einer positiven Veränderung der narrativen Kompetenz der Kinder. Inzwischen liegen international eine ganze Reihe solcher Interventionsstudien vor, die auch außerhäusliche Betreuer von Vorschulkindern mit einbeziehen (z.B. Reese & Newcombe 2007). Sie stammen zumeist von Fachleuten aus der Entwicklungspsychologie, die theoretisch und methodisch für solche Untersuchungen qualifiziert sind und daher verdeutlichen können, wie man zu interpretierbaren und gesicherten Erkenntnissen gelangen kann. In Deutschland gibt es sehr rühmliche pädagogisch-praktische Initiativen (zum Beispiel die ‚Rucksack'-Projekte der Regionalen Arbeitsstellen zur Förderung von Kindern und Jugendlichen aus Zuwandererfamilien in Nordrhein-Westfalen (www.raa.de), die viel beachtete Zusammenarbeit mit Eltern leisten und sich um die Stärkung der Erziehungskompetenz dort bemühen, wo es nötig ist. Kontrollierte Forschungsarbeit steht allerdings hier noch aus.

Die Autorinnen der kanadischen Studie, die ich näher beschrieben habe, äußern sich skeptisch gegenüber der Möglichkeit, in Kindergarten und Schule vergleichbare Effekte wie in den Familien zu erzielen. Denn in die Institutionen kämen die Kinder bereits mit so unterschiedlicher Verfügung über dekontextualisiertes Sprechen, dass ausgleichende Förderung wenig realistisch erscheine. Ich sehe das anders. Zwar wird in der bildungspolitischen Debatte um vorschulische Erziehung mit Recht bei uns als immer wichtiger eingeschätzt, dass die Unterstützung durch Eltern, die Beratung benötigen, dringend erforderlich ist. Aber ebenso wichtig erscheint es mir, in der Ausbildung von Erzieherinnen und Erziehern darauf zu dringen, dass ein Kernelement der Berufspraxis darin besteht, individuell und in kleinen Gruppen auch in den Institutionen die narrative Kompetenz der Kinder anzuregen. Dazu bedarf es gesteigerter Selbstbeobachtung: Aufmerksamkeit auf die Praxis des eigenen Gesprächsverhaltens und Sensibilität für die Wirkungen, die damit erzielt werden.

■ Was die Kinder einbringen

Natürlich besteht eine Abhängigkeit der narrativen Kompetenz vom Stand der aktiven Sprachverfügung. Obwohl schon kleine Kinder früh die zeitliche Ordnung von Handlungsfolgen und auch Beziehungen zwischen Verursachung und Wirkung begreifen können, stehen ihnen zunächst die Mittel nicht zur Verfügung, um diese auch selbst zu versprachlichen und damit für sich im Gedächtnis explizit zu verankern. Sie verstehen durchaus, was ‚gestern' war, ‚letzten Sonntag', ‚danach', ‚deshalb' und ‚weil', aber sie benutzen diese Partikel erst ab drei, vier Jahren aktiver. Daher ist es keineswegs überraschend, dass solche verbalen Verknüpfungen von Ereignissen in den Gesprächen mit kleinen Kindern zunächst von Erwachsenen geleistet werden.

Hier das Beispiel eines Gesprächs mit einem knapp dreijährigen Kind:

> *Kind: Ich war an Halloween eine Prinzessin*
> *Erwachsener: Du hast ein Prinzessinnen-Kleid angehabt? Hast du damals Süßigkeiten bekommen?*
> *Seid ihr von Tür zu Tür gegangen?*
> *K.: Ja, und wir hatten auch einen Kürbis.*

E.: Was habt ihr denn gemacht mit dem Kürbis?
K.: angezündet.
E.: Und wie hat er danach ausgesehen?
K.: Uhh, Papa hat ihn mit dem Rasierer geschnitten. Und hat ein Gesicht gemacht. Es war lustig.
(adaptiert aus Fivush et. al. 1995)

In diesem Alter steuern Kinder schon viel mehr Informationen bei als in der frühen Zeit, wo Erwachsene noch die Hauptakteure beim Erzählen sind. Die Kinder können nun schon Bewertungen abgeben und sind bereit, mit Fremden zu sprechen, aber die zeitliche Organisation und das Zusammenbinden der Ereignisse zu einer Geschichte obliegt noch den Erwachsenen.

Wie deutlich die Wiedergabe einer Erinnerung davon bestimmt wird, über welche sprachlichen Mittel die Kinder zum Zeitpunkt des Geschehens verfügten, zeigen Studien (z.B. Simcock & Hayne 2002), die Kinder zu unterschiedlichen Zeitpunkten untersuchten: Mit Zweijährigen wurde ein fesselndes Spiel durchgeführt, in dem ein aufregender Roboter eine Rolle spielte, zugleich wurden die für das Spiel relevanten lexikalischen Elemente festgehalten, über die zu diesem Zeitpunkt die einzelnen Kinder verfügten. Nach einem halben Jahr, und noch einmal ein Jahr später suchten die Wissenschaftlerinnen die Kinder wieder auf, zeigten ihnen Fotos des Apparats und regten sie an, zu erzählen, was sie von damals erinnerten. Alle Kinder erkannten den Spielanlass wieder und berichteten lebhaft darüber. Aber obwohl sie in der Zwischenzeit ihren Wortschatz um relevante Einheiten erweitert hatten, setzten sie keinerlei sprachliche Mittel bei den Erzählungen ein, die ihnen zum ersten Zeitpunkt nicht zur Verfügung gestanden hatten. Dass für solche verbalen Reproduktionen zurückliegender Erlebnisse nicht nur die eigenen damals verfügbaren Mittel ausschlaggebend sind, sondern auch das, was die Begleitpersonen zu diesen Anlässen sprechen, zeigen andere Studien (z.B. Tessler & Nelson 1994): Alle Äußerungen einer Gruppe von dreijährigen Kinder und ihren Müttern wurden bei einem Museumsbesuch registriert. Eine Woche später suchten die Wissenschaftlerinnen die Kinder zu Hause auf und ließen sie erzählen, was sie von dem Besuch erinnerten. Die Kinder hatten den Besuch gut behalten, aber sie erwähnten in ihren Berichten nur solche Details, die von ihnen selbst *und* den Müttern verbalisiert worden waren. Weder Details, die nur die Mutter erwähnt hatte, noch solche, die nur das Kind selbst angesprochen hatte, waren in den Erinnerungen enthalten.

Gegen Ende der Vorschulzeit bringen die Kinder dann immer mehr temporale und kausale Elemente aus ihrem aktiven Sprachschatz selbständig ein. Hier noch das Beispiel eines Gesprächs mit einem knapp Sechsjährigen:

Erwachsener: Kannst du mir was erzählen von eurem Besuch im Zoo?
Kind: Oh, das hat richtig Spaß gemacht im Zoo. Wir haben eine Show mit Walen gesehen. Und als sie aufgetaucht sind, die Wale, haben sie gespritzt und wir sind nass geworden.
E.: Nass geworden?
K.: Weil wir in der zweiten Reihe gesessen haben. Wenn du weiter oben sitzt, wirst du nicht nass. Was haben wir noch gesehen? Ein schönes Mädchen mit einem weißen Vogel. Und ich, und wir haben dann gegessen. Und haben ein Bild gemacht. Mami hat einen Fotoapparat dabei gehabt und hat den Vogel fotografiert. Ah, das ist schon lange her.
(Beispiele adaptiert aus Fivush et al. 1995)

Die Kinder schieben nun in ihre Narrationen auch Informationen ein, von denen sie annehmen müssen, dass Fremde, die bei den Ereignissen nicht zugegen waren, sie zum Verständnis brauchen („Mami hat einen Fotoapparat dabei gehabt'). Das zeigt an, wie sie allmählich die Möglichkeit erlangen, sich explizit über Zustandekommen und Abläufe von Geschehnissen zu äußern, auch über das, was sie denken, was andere zum Verstehen brauchen. Es geht hier nicht einfach um die quantitative Erweiterung des Wortschatzes oder den messbaren Zugewinn an syntaktischen Mitteln. Vielmehr handelt es sich um die Erweiterung kognitiver Operationen und deren sprachliche Fixierung. In diesem Gesprächsbeispiel ist es das Kind, das durch die gemeinsame Narration führt. Sein Sprachvermögen ist so weit entwickelt, dass temporale und kausale Bestimmungsstücke und die Hervorhebung von überraschenden Momenten aus der Erinnerung eine lebendige Geschichte machen.

■ Schemata und besondere Ereignisse

Schon ganz kleine Kinder schätzen Routinen, die sich wiederholen (beim Füttern, beim Anziehen...) und reproduzieren solche Schemata bekannter Abläufe bereits im zweiten Jahr in ihrem Spiel. Mit dem sich anreichernden Sprachvermögen sind es wiederum zunächst die immer wiederkehrenden Ereignisfolgen, die berichtet werden, wenn man drei- und vierjährige Kinder nach ihren Erlebnissen befragt. Untersuchungen bestätigen, dass sie auf Fragen wie „was kann man alles beim Picknick erleben?" mehr Details berichten, als wenn man sie fragt: „was war am letzten Sonntag beim Picknick los?", und auch die Antworten auf zweite Sorte von Fragen handeln eher vom Gewohnten als vom Besonderen (Nelson 2007). Offenbar benötigen Kinder zunächst die Verankerung allgemeiner Ereignisschemata, die sich durch Wiederholungen festigen, bevor singuläre Ereignisse als selbst erlebt behalten werden können. Neue Erlebnisse werden also zunächst in die etablierten Routinen der Handlungsabläufe eingegliedert, und diese sind es, die für die Erinnerung erst einmal maßgeblich sind.

Das ändert sich, wenn allmählich die soziale Bedeutung ganz bestimmter Vorkommnisse begriffen wird, die sich vom Alltäglichen abheben. Diesen Vorgang unterstützen Erwachsene, indem sie in Gesprächen die Bedeutsamkeit gemeinsamer Erlebnisse hervorheben, sie akzentuieren und ausgestalten, um so die *geteilte* Geschichte als Auftakt für die Besonderheiten einer *individuellen* Biographie zu inszenieren. So entwickelt sich autobiographisches Gedächtnis als explizite Wiederbelebung sozial bedeutsamer Ereignisse, die zu einem bestimmten Zeitpunkt an einem bestimmten Ort stattgefunden haben, und zwar begleitet von dem Bewusstsein, dass ich sie selbst erlebt habe. Dieses *selbstreferentielle Bewusstsein* macht autobiographisches Wissen im Gesamtrahmen des dessen, was man erinnert, zu einer besonderen Kategorie, für die eine *soziale* Genese ebenso typisch ist wie sie letztendlich *Subjektivität* hervorbringt.

■ Zum Schluss

Die Lebensgeschichte, immer wieder neu und in variablen Zusammenhängen sich selbst oder anderen erzählt, dient so der Sinnstiftung des Außergewöhnlichen, das nur auf dem Hintergrund *kulturell geteilten kanonischen Wissen*s zum *Besonderen* werden kann. Ganz im Sinn von Jerome Bruner: Das narrative Selbst wird in der Interaktion auf den Weg gebracht und bestätigt sich als Individuum beständig im sozialen Diskurs.

All das zeigt, wie wichtig es für Kinder ist, dass mit ihnen von früh an über ihre Erlebnisse gesprochen wird, damit sie gut darauf vorbereitet werden, ihr narratives Selbst herauszubilden. Es geht um die Entwicklung der kognitiven Beherrschung von Zeit, Kausalität und Urteilsfähigkeit, um die Partizipation an kulturell kanonisierter Erfahrung und um Einsicht in unterschiedliche Perspektiven auf Ereignisse und Zeitläufe. Dies alles bringt die Befähigung zum Nachdenken und Reden über die Hintergründe der Aktualität und zum Planen und Handeln über das Hier und Jetzt hinaus auf den Weg – die entscheidenden Kompetenzen für den Einstieg in Literalität und Bildungssprache und insgesamt für die weitere Biographie.

■ Literatur

Becker, T. (2001): Kinder lernen erzählen: Zur Entwicklung der narrativen Fähigkeiten von Kindern unter Berücksichtigung der Erzählform. Baltmannsweiler.
Boueke, D.; Schülein, F.; Büscher, H; Terhorst, E. & Wolf, D. (1995): Wie Kinder erzählen. Untersuchungen zur Erzähltheorie und Entwicklung narrativer Fähigkeiten. München.
Brinker, K.; Antos, G.; Heinemann, W. & Sager, S. (Hrsg.) (2000/2001): Text- und Gesprächslinguistik. Handbücher zur Sprach- und Kommunikationswissenschaft 16. 2 Halbbände. Berlin etc.
Brockmeier, J. (1999): Erinnerung, Identität und autobiograhischer Prozeß. *Journal für Psychologie* 7, S.22-42
Bruner, J. (1997): Sinn, Kultur und Ich-Identität. Heidelberg. (Orig. 1990)
Bruner, J. (1999): Self-Making and world-making. Wie das Selbst und seine Welt autobiographisch hergestellt werden. *Journal für Psychologie* 7, S.11-21
Ehlich, K. & Wagner, K.R. (Hrsg.) (1989): Erzähl-Erwerb. Bern etc.
Fivush, R.; Haden, C. & Adam, S. (1995): Structure and coherence of preschoolers' personal narratives over time: Implications for childhood amnesia. *Journal of Experimental Child Psychology* 60, S.32-56
Fivush, R. & Reese, E. (1992): The social construction of autobiographical memory. In: Conway, M.A.(Ed.): Theoretical perspectives on autobiographical memory. Dordrecht, S.115-132.
Harley, K. & Reese, R. (1999): Origins of autobiographical memory. *Developmental Psychology* 35, S.1338-1348.
Hausendorf, H. & Quasthof, U. M. (1996): Sprachentwicklung und Interaktion. Eine linguistische Studie zum Erwerb von Diskursfähigkeiten. Opladen
Labov, W. & Waletzky, J. (1973): Erzählanalyse: Mündliche Versionen persönlicher Erfahrung. In: J. Ihwe (Hrsg.): Literaturwissenschaft und Linguistik, Bd. 2. Frankfurt, S.78-126. (Orig. 1967)
Nelson, K. (2007): Young minds in social worlds. Experience, meaning, and memory. Cambridge, Mass.
Nelson, K. & Fivush, R. (2004): The emergence of autobiographical memory: A social cultural devolepental theory. *Psychological Review* 111, S.486-511
Peterson, C.; Jesso, B.& McCabe, A. (1999): Encouraging narratives in preschoolers: an intervention study. *Journal of Child Language* 26, S.49-67.
Quasthoff, U. M. (1980): Erzählen in Gesprächen. Linguistische Untersuchungen zu Strukturen und Funktionen am Beispiel einer Kommunikationsform des Alltags. Tübingen.
Reese, E. & Newcombe, R. (2007): Training mothers in elaborative reminiscing enhances children's autobiographical memory and narrative. *Child Development* 78, S.1153-1170
Schank, R & Abelson, A, (1977): Scripts, plans, and understanding. Hillsdale, N.J.
Simcock, G. & Hayne, H. (2002): Breaking the barrier? Children fail to translate their preverbal memories into language. *Psychological Sience* 13, S.225-231
Tessler, M. & Nelson, K. (1994): Making memories: The influence of joint encodimg on later recall by young children. *Consciousness and Cognition* 3, S.307-326

Günther Anfang und Kathrin Demmler

Ganzheitlichkeit als Grundprinzip der Medienpädagogik

Kinder sind heute vom ersten Lebenstag an von Medien umgeben. Bis zum Schuleintritt haben sich die meisten Kinder einen großen Teil des verfügbaren Medienensembles erschlossen, können Medien selbstständig nutzen und haben eigene Interessen und Vorlieben entwickelt. Dies bedeutet aber nicht, dass sie die Medien auch selbstverantwortlich benutzen können. Beobachtet man kleine Kinder beim Umgang mit Medien, stellt man fest, dass
- Kinder fasziniert sind von Medien und medialen Inhalten
- Kinder Medien ebenso begreifen, wie alle anderen interessanten Dinge ihrer Umwelt
- Kinder Medien in ihrer Vielfalt und in unterschiedlichen Lebenskontexten nutzen
- Erwachsene die zentralen Vorbilder für Kinder sind und das kindliche Medienhandeln stark auf dem der Eltern basiert
- Kinder von bestimmten Medieninhalten und -angeboten überfordert sind.

In diesen Beobachtungen liegen wichtige Aufgaben und Problemstellungen, aber auch Potenziale für die Pädagogik. Da Kinder Medien in ihrer ganzen Vielfalt und in unterschiedlichen Lebenskontexten nutzen, muss die Pädagogik sowohl die Medien, als auch Kinder und ihr soziales Umfeld in den Blick nehmen. Zurückgreifend auf Pestalozzis Idee der Elementarbildung, dem Lernen mit Kopf, Herz und Hand, kann es nicht nur darum gehen, Medien zu reflektieren und kritisch zu hinterfragen, sondern es müssen Experimentier- und Erfahrungsfelder angeboten werden, die das selbständige und selbstbewusste Handeln in sozialen Kontexten ermöglichen. Somit liegt ein wesentlicher Ankerpunkt einer ganzheitlichen Medienpädagogik im handelnden Lernen. Ausgangspunkt dieses Lernprinzips ist ein Lernen in der handelnden Auseinandersetzung mit anderen Gegenständen der Lebensrealität. Theoretisches und praktisches Wissen wird dabei durch eigenes Tun erfahrbar gemacht und angeeignet. Das Prinzip des „handelnden Lernens" fußt auf der pädagogischen Theorie von John Dewey, der es als 'learning by doing' begrifflich bereits in den 20er Jahren gefasst hat. Wichtig dabei ist, dass der Prozess der Aneignung eines Gegenstandsbereichs immer auch mit dessen Veränderung einhergeht. Somit erfolgt Lernen als dialektisches Prinzip von Aneignung, Bewältigung und Veränderung von Realität. In seinem Konzept der aktiven Medienarbeit hat Fred Schell das handelnde Lernen als eine wichtige Säule der Medienpädagogik dargestellt, weitere wichtige Aspekte sind das Prinzip des exemplarischen Lernens sowie das Prinzip der Gruppenarbeit. (vgl. Schell 2005)

■ Aktive Medienarbeit als Grundlage einer ganzheitlichen Medienpädagogik

Handelndes Lernen lässt sich am besten im Rahmen aktiver Medienarbeit realisieren. Sie ermöglicht den kreativen Gebrauch von Medien und fördert die Fähigkeit zur

Gestaltung: Die aktive Medienarbeit ermöglicht den Wechsel von der passiven Nutzung zur aktiven Gestaltung. Das größte Plus der aktiven Medienarbeit stellt ihr schöpferisches Potenzial und ihr ganzheitlicher Ansatz dar. Die Möglichkeit, eigenständige Medienprodukte zu erstellen, eröffnet nicht nur viele ganzheitliche Lernebenen über die Medien selbst, sondern befriedigt das Grundbedürfnis, schöpferisch tätig zu werden.

Kommunikation: Mit Hilfe von Medien können Kinder Geschichten erzählen und sich kreativ ausdrücken. Das Erzählen von Geschichten ermöglicht es, die erlebte oder erdachte Welt dem menschlichen Bewusstsein zu erschließen. Produkte zu schaffen, die der eigenen Phantasie entspringen, kann als menschliches Kernbedürfnis angesehen werden. Vor allem Kinder sind bereit, sich auf einen Produktionsprozess einzulassen ohne die Hemmung, das Produkt könnte nicht gut genug sein.

Interaktion: Aktive Medienarbeit eröffnet eine Vielzahl von Möglichkeiten handlungsorientierten und ganzheitlichen Lernens, die der im Vorschulalter vorherrschenden Form des Lernens, dem Spielen, entspricht. Das gestalterische Potenzial der Medien lässt sich gut spielerisch erforschen und die Erstellung eines Medienprodukts bietet vielfältige Lernfelder der Interaktion mit den Gruppenmitgliedern. So erfahren z.B. die MacherInnen eines Videofilms zum Thema „Außenseiter" Grundsätzliches über den Videofilm und seine Gestaltungsmöglichkeiten und lernen gleichzeitig etwas über die Mechanismen, die einen Menschen oder eine Gruppe zu Außenseitern machen.

Artikulation: Medien ermöglichen es Kindern, sich mitzuteilen und am gesellschaftlichen Diskurs teilzunehmen. Dadurch können sie eigene Sichtweisen und Ansichten öffentlich machen und am gesellschaftlichen Leben partizipieren. Sie werden dabei zu aktiven Subjekten, die im ganzheitlichen Sinn Wirklichkeit erfahren und mitgestalten.

Präsentation: Die Präsentation des Medienprodukts spielt dabei immer eine wichtige Rolle. Kinder wollen ihre Werke vorstellen und lernen gleichzeitig, zu ihrer Meinung, ihrer Aussage, zu stehen und sie vor anderen zu präsentieren. Dadurch wird für sie erfahrbar, dass Wirklichkeit gestaltet und von Interessen und Bedürfnissen bestimmt ist.

Im Rahmen aktiver Medienarbeit können Kinder aber auch auf Probleme im Umgang mit Medien aufmerksam gemacht werden. So können sie sich beispielsweise in sogenannten Web 2.0-Werkstätten mit Fragen den Datenschutzes auseinandersetzen und lernen, wie wichtig es ist, sich über die Selbstdarstellung im Netz Gedanken zu machen und nicht alles von sich preiszugeben. Auch Werthaltungen in der Mediennutzung können dabei thematisiert und Kinder befähigt werden, sowohl Selbst- als auch Mitverantwortung zu übernehmen.

■ Bedingungen einer ganzheitlichen Medienpädagogik

Um im Rahmen aktiver Medienarbeit ganzheitliches Lernen zu ermöglichen, sind vor allem zwei zentrale Bedingungen zu erfüllen:
- *Medienpädagogik muss als elementare Aufgabe der Pädagogik verankert werden.*
  Um mit der Geschwindigkeit der Medienentwicklungen Schritt zu halten, braucht es spezialisierte Medienpädagoginnen und Medienpädagogen, die sich auf Fragen der Medienaneignung von Kindern und Jugendlichen konzentrieren und aktuelle Forschungsergebnisse ebenso im Blick haben, wie innovative Modelle und Konzepte. Gleichzeitig muss Medienpädagogik aber Bestandteil aller pädagogischen Disziplinen sein und zwar in Aus- und Weiterbildung ebenso wie im pädagogischen Alltag. „Die Medienpädagogik muss sich um die konzeptuelle Einbindung ihrer Arbeit in die allge-

meinen pädagogischen Zielsetzungen bemühen."¹ Nur das alltägliche pädagogische Umfeld kann auf die Sorgen und Ängste, Interessen und Fragen, die sich aus der alltäglichen Mediennutzung von Kindern und Jugendlichen ergeben, reagieren. „Pädagogen/innen aller Art, insbesondere Sozial-, Kultur- und Medienpädagogen/innen, genauso aber Erzieher/innen und Lehrer/innen realisieren Medienerziehung als pädagogisch verantwortetes und professionell inszeniertes Angebot in allen möglichen institutionellen Feldern – von Kindergärten über Schule bis Jugendarbeit. Dabei haben sie idealerweise eine ganzheitliche „Medienbildung" zum Ziel: Der auch medial vernetzte Mensch und seine aktive Lebensgestaltung im Mittelpunkt, seine sozialen, politischen, kulturellen und körperlichen, sinnlichen Dimensionen eingeschlossen."[2]

- *Medienpädagogik muss alle Medien, die Kinder im Gebrauch haben bzw. in Zukunft gebrauchen, thematisieren und sie muss Angebote für Kinder in ihrem sozialen Umfeld bereithalten.*
  Konkret bedeutet dies, dass Medienpädagogik als Spezialdisziplin der Pädagogik alle neuen medialen Strömungen erfassen und ihre Bedeutung für Kinder analysieren muss, um Angebote zur Reflexion und kreativen Auseinandersetzung entwickeln zu können. „Angesichts der Breite der Medienausstattung, die heute in Familien zu finden sind, ist es wenig sinnvoll, nur eine bestimmte Sorte von Medien in den Blick zu nehmen. Relevant ist das verfügbare Medienensemble mitsamt seinen Verzahnungen, mit dem Kinder im familiaren und sozialen Umfeld potenziell in Kontakt kommen können."[3] Darüber hinaus muss Medienpädagogik eine breite Palette von Angeboten für Kinder und Jugendliche, aber auch für Eltern und pädagogische Fachkräfte entwickeln und hierbei sowohl Fragen der Geschlechtsspezifik als auch des sozialen und kulturellen Hintergrunds verschiedener Zielgruppen beachten.

■ Dimensionen einer ganzheitlichen Medienpädagogik im Kindersalter

Kinder erschließen sich sukzessive das ganze Medienspektrum. Aufgrund eines eingeschränkten Aktionsradius und teilweise fehlender Fertigkeiten müssen die vorweg beschriebenen medienpädagogischen Ziele an diese Altersgruppe angepasst werden. Dazu bedarf es sowohl Reflexionsmöglichkeiten, um die Medienerfahrungen zu verarbeiten, als auch aktiver Projekte, die das Wissen über Medien thematisieren. Außerdem muß die Orientierungs- und Gestaltungsfähigkeit der Kinder gestärkt werden, um einen kompetenten und eigenständigen Umgang mit Medien zu gewährleisten.

- **Reflexionsdimension**: Kinder brauchen die Möglichkeit, ihre Medienerfahrungen zu thematisieren, sich auszutauschen und Erlebnisse spielerisch umzusetzen. Dies kann beispielsweise im Morgenkreis geschehen oder aber auch im alltäglichen Miteinander im schulischen oder außerschulischen Kontext. Entscheidend ist, dass Medien zum Thema gemacht werden und nicht aus dem Kindergarten-, Hort- oder Schulalltag ausgeschlossen werden. Darüber hinaus können auch spezielle Themen wie Werbung oder Merchandising gezielt angesprochen und im Rahmen eines Projekts thematisiert werden.

---

1 Lutz, Klaus (2003)
2 Wolfgang Zacharias: Zielsetzungen und Prinzipien ganzheitlicher Medienerziehung/Medienbildung. In: Anfang, Günther/ Demmler, Kathrin/ Lutz, Klaus (Hrsg.) (2005): Mit Kamera, Maus und Mikro. Medienarbeit mit Kindern. München 2006
3 Theunert, Helga/Demmler, Kathrin. (Interaktive) Medien im Leben Null- bis Sechsjähriger – Realitäten und Handlungsnotwendigkeiten. In: Herzig, Bardo/Grafe, Silke: Digitale Medien in der Schule. Standortbestimmung und Handlungsempfehlungen für die Zukunft. Studie zur Nutzung digitaler Medien in allgemein bildenden Schulen in Deutschland. 2006

- **Wissensdimension**: Kinder wollen verstehen, wie Medien funktionieren. In Kindergarten und Schule können sie einerseits erfahren, wie bestimmte Medien zu bedienen sind, andererseits aber auch, wie Medien gemacht sind und wie sie zusammenhängen. So können sie zum Beispiel im Rahmen eines Foto- oder Filmprojekts erfahren, wie Bilder manipuliert werden können oder wie zum Beispiel die „Sendung mit der Maus" über verschiedene Medien – Fernsehen, Internet, CD-ROM – verbreitet wird. Kinder können aber auch verstehen, wie Fernsehen funktioniert und die Menschen in den Fernseher kommen. Das Projekt „Kinder kriechen durch die Röhre"[4] der Medienstelle Augsburg des JFF ist dafür ein gelungenes Beispiel.

- **Orientierungsfähigkeit**: Kinder vergnügen sich mit Medien. Sie müssen Medien aber auch als eine Möglichkeit kennenlernen, sich über neue Dinge zu informieren. Dabei sollten sie dafür sensibilisiert werden, die Medienangebote kritisch zu hinterfragen. Die in den Medien gebotenen Rollenbilder sind ebenso unter die Lupe zu nehmen, wie Verhaltensweisen im Umgang mit Konflikten. Gleichzeitig sollten Kinder lernen, zwischen verschiedenen Medienangeboten zu differenzieren, gezielt auszuwählen und sich bewusst zu werden, dass Medien auch verschiedene Meinungen wiedergeben können. Kinder frühzeitig dafür zu sensibilisieren, was sie am besten aus erster Hand und was sie über Medien erfahren können, ist dabei ein wichtiges Ziel medienpädagogischer Projektarbeit.

- **Gestaltungsfähigkeit**: Zentral für die pädagogische Arbeit ist das aktive, kreative Arbeiten mit Medien. Kinder sollten deshalb bereits im Kindergartenalter Medien als Ausdrucksmittel kennenlernen und dabei zu einer aktiven, eigenständigen Nutzung angeregt werden. Wichtig ist, dass sie Medien als Möglichkeit kennenlernen, sich mit sich und der Umwelt auseinander zu setzen und diese gezielt als Werkzeug für kreative Prozesse zu nutzen. Zahlreiche Beispiele für kreative Medienprojekte mit Kindern gibt es im Buch „Mit Kamera, Maus und Mikro".[5]

Im Sinne einer ganzheitlichen Pädagogik sind aber neben den medienspezifischen Zielen noch weitere zu nennen:

- **Soziales Miteinander**: Medienpädagogik ist immer Arbeit in einem Kontext. Dieser Kontext muss einbezogen werden und Medienprojekte können nicht nur, aber vor allem in Gruppen realisiert werden. Das Lernen in der Gruppe, die Einschätzung der eigenen Fähigkeiten und der der anderen Gruppenmitglieder, der gemeinsame Prozess und das Erreichen eines gemeinsamen Ziels, spielen eine zentrale Rolle im medienpädagogischen Arbeiten.

- **Selbsteinschätzung**: Medienprojekte ermöglichen, die eigene Sichtweise zu artikulieren und sich im gesellschaftlichen Kontext zu positionieren. Dies trägt dazu bei, das Selbstwertgefühl zu steigern und die positive Selbsteinschätzung zu stärken. Grundlegend dafür ist ein aktives Subjekt, das am gesellschaftlichen Leben teilnimmt und gemeinsam mit anderen gestaltet.

- **Themenbezogenes Arbeiten**: Mit Medien seine Meinung auszudrücken beinhaltet immer auch die Auseinandersetzung mit Themen und Fragestellungen. Dadurch kann eine differenzierte Sichtweise auf ein gesellschaftliches Problem oder auf eine Fragestellung erfolgen und im Verlauf der Auseinandersetzung können neue Sichtweisen und Problemlösungsmöglichkeiten erarbeitet werden.

---

4 www.medienstelle-augsburg.de
5 Anfang, G./Demmler,K./Lutz,K. (2005): Mit Kamera, Maus und Mikro. Medienarbeit mit Kindern. München. kopaed Verlag

- **Engagement:** In direktem Zusammenhang mit der themenbezogenen Arbeit steht, Medien zu nutzen, um auf Missstände aufmerksam zu machen. Medien eignen sich dafür hervorragend, da sie ja darauf angelegt sind, Botschaften audiovisuell zu transportieren. Dadurch kann das Engagement zu einem bestimmten gesellschaftlichen Thema besser zum Ausdruck gebracht werden und einem breiteren Publikum zugänglich gemacht werden.

■ Voraussetzungen für eine ganzheitliche Medienpädagogik mit Kindern

Medienpädagogische Arbeit mit Kindern ist zum einen sehr stark vom Alter, von den Interessen und vom Entwicklungsstand der Kinder abhängig, zum anderen aber auch vom Medium selbst. „Sobald ein eigenständiger Medienumgang gegeben und ein aktives Arbeiten mit Medien möglich sind, kann das Leitziel medienbezogener Bildungsprozesse, der Erwerb von Medienkompetenz, in zielgruppenspezifischen, altersadäquat gestalteten Lernprozessen systematisch und umfassend angegangen werden. Sukzessive, auf der Basis des entdeckenden Lernens und eingebunden in alltagsrelevante Kontexte sollen Kinder im ersten Lebensjahrzehnt angeregt werden, die Medien und Techniken gesellschaftlicher Kommunikation zu begreifen und zu handhaben, sie selbstbestimmt und kreativ zu gestalten, sie als Mittel kommunikativen Handelns zu nutzen und sie in sozialer und ethischer Verantwortung kritisch zu reflektieren."[6] Medienprojekte mit Kindern unterscheiden sich aufgrund der Entwicklungsstufen voneinander. Generell gilt aber, dass der Spaß am Produzieren im Zentrum stehen muss und es Aufgabe der ErzicherInnen ist, eine Balance zwischen dem Prozess des Produzierens und dem Endprodukt zu finden. Das Endprodukt muss den Kindern gefallen. „Schließlich gibt es kaum etwas Schöneres, als für seine Arbeit auch noch von einem zahlreichen Publikum anerkannt zu werden."[7] Vier Prämissen sind für eine ganzheitliche medienpädagogische Arbeit mit Kindern zentral:

Herantasten und Ausprobieren ermöglichen: Medienprojekte mit Kindern müssen immer freiwillig sein. Kinder sollten ihre Erfahrungen verarbeiten und neue Ausdrucksformen kennenlernen können.

Freiräume zum Experimentieren schaffen: Das Spielen und Experimentieren steht bei der Medienarbeit im Kindergarten im Zentrum. Kinder erfreuen sich an einem fertigen Medienprodukt, haben davon aber oft andere Vorstellungen als Erwachsene.

---
6   Theunert u.a. 2006
7   Struckmeyer, 2009

Projekt in kleine Teilabschnitte zerlegen: Kinder können den Produktionsprozess meist noch nicht eigenständig planen. Sie können nur kleine Teilabschnitte überschauen. In den Teilabschnitten können sie sich aber aktiv einbringen.

Unterstützung im Produktionsprozess ist nötig: Aktive Medienarbeit ist geprägt davon, dass Kinder und Jugendliche eigenständig Produkte realisieren. Kinder müssen aber dennnoch unterstützt werden. Die Unterstützung muss sich dabei aber immer an den Wünschen der Kinder orientieren. Kinder sollen all das selbst machen dürfen, was sie selbst machen wollen. Dort wo sie Hilfe suchen, müssen sie diese bekommen.

■ Fazit

Ganzheitlich Lernen heißt, mit allen Sinnen die Welt begreifen, sie entdecken und verändern. Will man Kinder auf ein Leben in der heutigen Gesellschaft vorbereiten, so ist es unabdingbar, ihnen Fähigkeiten zu vermitteln, sich Wissen selbstständig anzueignen. Nicht das Vermitteln von Faktenwissen steht im Vordergrund, sondern das zur Verfügung stellen von Lernräumen, die eigenständige Wissensaneignung ermöglichen. Die aktive Medienarbeit hat sich hier als ein Königsweg erwiesen, Kindern Räume zur Artikulation eigener Interessen und Bedürfnisse zur Verfügung zu stellen. Ganzheitliches Lernen kann dabei in vielfältiger Art und Weise stattfinden und in Form von Medienprojekten umgesetzt werden. Zur Ganzheitlichkeit gehört aber auch, das gesamte Umfeld von Kindern in den Blick zu nehmen und neben Angeboten für Kindern auch Angebote für Eltern und Erziehende zu machen. Dabei ist zu berücksichtigen, dass im Sinne einer Pädagogik der Navigation[8] nicht nur die Kinder, sondern auch die Eltern und Erziehenden zum selbstgesteuerten Lernen zu befähigen sind. Unser Bildungssystem ist geprägt vom Faktenfetischismus. In der zukünftigen Wissensgesellschaft ist nicht Faktenwissen gefragt, sondern vielschichtige Problemlösungskompetenz sowie mentale Beweglichkeit. Hier können Alt von Jung und Jung von Alt lernen und sich gemeinsam in ganzheitlichen Kontexten Wissen aneignen. Ganzheitliches Lernen ist somit der Schlüssel für ein Lernprinzip, das nicht stur Wissen einpaukt, sondern an eigenen Interessen anknüpft, um neue Erkenntnisse zu gewinnen. Schließlich sind Lernprozesse immer dann besonders erfolgreich, wenn „Lernen" nicht als Qual, sondern als „Spaß" verstanden wird. Die große Chance einer ganzheitlichen Medienpädagogik liegt somit darin, Freiräume zum eigenständigen und selbstgesteuerten Lernen zur Verfügung zu stellen und im Sinne von „Mit Kopf, Herz und Hand" Kindern Freude am Lernen und am Miteinander zu vermitteln. Die im Rahmen des Projekts „Erzählkultur" durchgeführten Medienprojekte haben sich diese Prinzipien zu eigen gemacht und so zu einer gelingenden Sprach- und Medienkompetenzförderung beigetragen.

---

8 Vgl. Röll, F. J. (2003): Pädagogik der Navigation. Selbstgesteuertes Lernen durch Neue Medien, oder: Von der Lernqual zum Lernspaß München: kopaed.

■ Literatur

Anfang, Günther/Demmler, Kathrin/ Lutz, Klaus (Hrsg.) (2005): Mit Kamera, Maus und Mikro. Medienarbeit mit Kindern. München 2006
Eder, Sabine/Roboom, Susanne: Video, Compi & Co. - Über den Einsatz von Medien in der Kita. Bielefeld 2004
Lutz, Klaus: Medienarbeit als Querschnittsaufgabe der pädagogischen Arbeit. In: Anfang, Günther u.a. (Hrsg).: Aufwachsen in Medienwelten. Nürnberg 2003
Paus-Haase, Ingrid. Ein Kompass durch den Mediendschungel. Was Medienpädagogik leisten kann. In: Schächter, Markus (Hrsg.): Reiche Kindheit aus zweiter Hand? Medienkinder zwischen Fernsehen und Internet. München 2001
Schell, Fred: Aktive Medienarbeit. In: Hüther, Jürgen / Schorb, Bernd (Hrsg.): Grundbegriffe Medienpädagogik. München 2005
Schell, Fred. Aktive Medienarbeit in: Schorb/Anfang/Demmler: Grundbegriffe Medienpädagogik Praxis. München 2009
Schorb, Bernd. Handlungsorientierte Medienpädagogik in: U. Sander u.a. Handbuch Medienpädagogik. Wiesbaden 2008
Struckmeyer, Kati: Kindermedienarbeit. In: Schorb, Bernd u.a. (Hrsg): Grundbegriffe Medienpädagogik Praxis. München 2009
Theunert, Helga/Demmler, Kathrin. (Interaktive) Medien im Leben Null- bis Sechsjähriger – Realitäten und Handlungsnotwendigkeiten. In: Herzig, Bardo/Grafe, Silke: Digitale Medien in der Schule. Standortbestimmung und Handlungsempfehlungen für die Zukunft. Studie zur Nutzung digitaler Medien in allgemeinbildenden Schulen in Deutschland. Bonn 2006
Theunert, Helga. Medien als Orte informellen Lernens im Prozess des Heranwachsens. In: Sachverständigenkommission Zwölfter Kinder- und Jugendbericht (Hrsg.): Kompetenzerwerb von Kindern und Jugendlichen im Schulalter. München 2005
Wagner, Ulrike/ Theunert, Helga (Hrsg.): Neue Wege durch die konvergente Medienwelt. München 2006
Zacharias, Wolfgang: Zielsetzungen und Prinzipien ganzheitlicher Medienerziehung/Medienbildung. In: Anfang, Günther/Demmler, Kathrin/ Lutz, Klaus (Hrsg.): Mit Kamera, Maus und Mikro. Medienarbeit mit Kindern. München 2005

Petra Best

„Dann müsst ihr die CD feuern"
Wieviel Sprache steckt in aktiver Medienarbeit?

> Wie kommt das Kind zur Sprache? Und wieviel Sprache und Sprachfördermöglichkeiten stecken im Bildungsalltag der Kita? Das waren die zentralen Fragen im Modellprojekt „Sprachliche Förderung in der Kita" des Deutschen Jugendinstituts. Gemeinsam mit pädagogischen Fachkräften aus elf Einrichtungen sowie mit Expertinnen und Experten verschiedener Fachrichtungen hat das Projekt ein Basiskonzept zur sprachlichen Förderung für Kindertageseinrichtungen entwickelt und erprobt. Seine Grundidee: die kontinuierliche Begleitung und Unterstützung aller Kinder zwischen 3 und 6 Jahren in ihrem alltäglichen Spracherwerb, und zwar verknüpft mit Aktivitäten und Angeboten quer durch die Bildungsbereiche. Der Ansatz vereint dazu sprachwissenschaftliche Erkenntnisse zur Entwicklung von Lautbildung, Wortschatz und Grammatik als auch entwicklungspsychologisches Wissen, das die Bedeutung der Sprache als Werkzeug der Kommunikation und des Denkens in den Blick nimmt. Wie im Rahmen von Bildungsaktivitäten gleichzeitig eine gezielte und systematische Sprachförderung erfolgen kann, wird im Praxismaterial exemplarisch für die Bereiche Musik, Bewegung, Naturwissenschaften und aktive Medienarbeit aufgezeigt.
>
> Dieser Beitrag fasst wesentliche Aspekte aus dem Kapitel „ Medienarbeit und Sprache" zusammen.

1. Spracherwerb und Sprachförderung – Ein paar Gedanken vorweg

Spracherwerb braucht Handlungsrelevanz

> „Ich fand' s schön, dass ich gesprochen hab, und dass wir auch alles fotografiert haben … und dass alles so gut geklappt hat". „Das Rübchen" nach der Vorlage von Tolstoi hatten die Kinder in Bild und Ton inszeniert, und Lena, fast fünf Jahre alt, ist sichtlich stolz auf ihren Sprachbeitrag in der Rolle der Großmutter.

Kinder erwerben Sprache nicht um der Sprache willen, so wie wir Erwachsene, wenn wir eine Fremdsprache lernen. Kinder lernen Sprache, weil sie wichtig und nützlich für ihr Handeln ist: um mit anderen Kinder zu spielen, um auszuhandeln, wer beim Fotografieren als Nächstes drankommt, um so zu tun, als seien sie Astronauten, um Wünsche zu äußern und Ziele zu verwirklichen, um sich Geschichten auszudenken und um zu erzählen, was sie andernorts und anderntags erlebt haben. Mit Sprache etwas zu bewirken, zu verstehen und verstanden zu werden, sich neues Wissen zu erschließen, sich einzumischen und zu beteiligen, all das und noch viel mehr ist der Motor, der Kinder dazu antreibt, sich die Sprache zu erobern: mit all ihren Bedeutungen und Regeln, ihren Möglichkeiten und Feinheiten.

Anders ausgedrückt: Neue Wörter oder sprachliche Formen werden für ein Kind dann relevant, wenn sie sich in sein Handeln und in seine alltäglichen Aktivitäten einfügen (lassen).

Sprachliche Bildung und Förderung gelingt daher am besten, wenn sie für Kinder nebenbei geschieht; nicht als sprachliche Unterweisung einer Kleingruppe jeden Montag von 14 bis 15 Uhr, sondern in für sie bedeutsamen, sprich handlungsrelevanten Situationen. Worauf Kinder anspringen, ihre Themen und Interessen, ihr Können und Wissen, das ist der Stoff, aus dem sich ihr sprachliches Handeln speist. Die Verankerung einer Sprachförderung in den Bildungsalltag der Kita eröffnet damit die Chance, Kinder in vielfältigen Situationen beim Ausbau ihrer sprachlichen Fähigkeiten anzuregen und sie zu einem differenzierten Sprachgebrauch zu motivieren. Das gilt auch für Kinder mit Deutsch als Zweitsprache. Können sie sich mit ihrer Handlungskompetenz einbringen, trauen sie sich mehr zu. Sie sind aufnahmebereiter, werden sprachlich aktiver und nutzen kreativ ihr sprachliches Repertoire, über das sie verfügen.

Projekte der aktiven Medienarbeit bieten eine Vielzahl an solchen für Kinder bedeutsamen Situationen. Kinder lieben Medien und sie haben Spaß daran, mit Medien zu hantieren, zu fotografieren, die eigene Stimme zu hören, mit ihr zu spielen, Geräusche einzufangen und am Computer Bilder und Töne zu gestalten. In Medienprojekten können Kinder in für sie interessanten, faszinierenden, durchaus anspruchsvollen, aber immer mit Sinn erfüllten Handlungskontexten mit Sprache umgehen, mit Fiktion und Realität spielen und ihr erzählendes Ich zum Ausdruck bringen. Indem sie obendrein *ihr* Medienprodukt erstellen, dabei ihre Vorstellungen, ihr ästhetisches Empfinden und ihre Sichtweisen zum Ausdruck bringen, erfahren sie sich als selbstwirksam, und das spornt sie zu sprachlicher Aktivität an. Sie planen und kommentieren ihr Handeln. Sie machen Vorschläge und sprechen sich ab. Sie drücken aus, was ihnen am Herzen und auf der Zunge liegt. Kurzum: Ein reichhaltiges beiläufiges Sprachlernen ist in Medienprojekten möglich – im Verstehen ebenso wie im Sprechen.

Spracherwerb ist mehr als Wörter und Grammatik zu lernen

> *Mit den Kindern seiner Gruppe hat David (4;7)[1] ein kleines Computerspiel in Gestalt eines Märchenrätsels produziert. Jetzt macht er sich Gedanken dazu, wie die Nachfrage wohl am besten zu befriedigen sei: „Und wenn die Kinder die CD wollen", erklärt er uns, „dann müssen wir sagen: ‚Kinder, dann müsst ihr die feuern und schon habt ihr die.'"*

Kindliche Äußerungen sind oft treffliche Bezeichnungen, keineswegs aber nur zum Schmunzeln. Sie sind vor allem hörbare Zeichen der Strategien, mit denen Kinder operieren, um sich zum Beispiel Wortbedeutungen zu erobern. Feuer und brennen – das liegt nah beieinander. David hat also ganz folgerichtig aus seinem Wortschatz den passenden Begriff gewählt und sich so eine geistige Brücke zum Herstellungsprozess gebaut. Es wird nicht mehr lange dauern, bis er entdeckt, dass ein und dasselbe Wort verschiedene Bedeutungen haben kann. Dann wird das Wort „brennen" in seiner abstrakten Bedeutung auch als Fachbegriff in sein Sprachhandeln übergehen – angeregt durch sein eigenes Tun und unterstützt durch seine Erzieherin als erfahrene Kennerin von Wörtern und ihren Bedeutungen.

Spracherwerb ist ein langer Lernprozess, zu dem Experimentierfreude und Kreativität ebenso dazu gehören wie Wort- und Regelüberdehnungen. Das sprachliche Wissen, über das Kinder verfügen, die Art und Weise, wie sie sich das Werkzeug Sprache zu eigen machen, muss darum Anknüpfungspunkt

---

1 Die Zahlen in Klammern geben das Alter des jeweiligen Kindes in Jahren und Monaten an (Jahr; Monat)

und Bestandteil der Förderung zugleich sein. Es geht darum, Kinder als kompetente Sprachpersönlichkeiten wertzuschätzen und ihnen Räume zu eröffnen, in denen sie mit ihrem Sprachwissen erfolgreich operieren, es stabilisieren und auf dieser Grundlage ausbauen können. Es geht aber auch darum, Kinder beim zunehmend anspruchsvollen Gebrauch des Werkzeugs Sprache zu unterstützen und anzuregen – im Denken und in der Kommunikation. Denn Kinder erwerben ja nicht nur die Sprache an sich mit ihren Lauten, Wörtern und Mechanismen, Sätze zu bilden. Mit der Sprache erobern sie sich auch ein Medium, das zunehmend Regie über ihr geistiges und soziales Handeln führt. Mit Sprache ist es Kindern möglich, über das Hier & Jetzt hinaus zu gehen, sich zu erinnern und zu erzählen, die Dinge zu hinterfragen, das eigene Handeln zu reflektieren, Ideen in die Tat umzusetzen, Freundschaften zu leben und Kommunikationsprozesse nach eigenen Bedürfnissen und Vorstellungen zu gestalten.

So vielfältig die Aktivitäten in Medienprojekten sind, so vielfältig sind die Möglichkeiten für eine sprachliche Förderung, der es nicht ums rasche Auffüllen von Lücken im Wortschatz oder in der Grammatik geht. Die Prinzipien aktiver Medienarbeit „Gruppenarbeit" und „Eigenregie" regen Kinder dazu an, Sprache dialogisch, planerisch und reflexiv zu gebrauchen. Eingebunden in ihr kreatives Schaffen kann ihnen die Sprache außerdem zum Inhalt ihrer Aufmerksamkeit werden, alltäglich gesprochene und nonverbale Sprache ebenso wie geschriebene und poetische Sprache. Und schließlich stellen die erzählerischen Möglichkeiten der Medien selbst Kindern vielfältiges Material bereit, um ihre Ausdrucksfähigkeiten zu erweitern und neue kennen zu lernen. Dieses Spektrum sprachlicher Potenziale, das sich in den verschiedenen Schritten und Aktivitäten von Medienprojekten verbirgt, soll hier nun in Ausschnitten und mit Beispielen aus dem DJI-Projekt „Sprachliche Förderung in der Kita" vorgestellt werden.

2. Auf Entdeckungsreise: Sprachliche Potenziale aktiver Medienarbeit

Medienprojektarbeit bringt Kinder in den Dialog und beflügelt ihr sprachliches Denken

Medienprojekte sind Teamarbeit und Teamarbeit beginnt mit dem Dialog. In Medienprojekten können Kinder damit vertraut werden, mit anderen Kindern sprachlich zu kooperieren und lernen, aufmerksam zuzuhören, was andere bereits gesagt haben und wo sie sich auf die Aussage eines anderen Kindes beziehen können. Vorschulkinder zeigen bereits ein spürbares Vergnügen daran, sich im Austausch mit anderen über ihre Vorstellungen und Ideen, ihr Wissen und ihr Können zu verständigen und gegenseitig zu inspirieren.

> „Gegen die Sonne zu fotografieren ist nicht gut", findet Alex (6;0). Laura (5;8) hat eine Idee: „Wenn die Sonne hinter dem Menschen steht, der fotografiert, dann könnte die Sonne in die gleiche Richtung gehen, wo die Menschen hingucken". „Aber dann", gibt Alex zu bedenken, „muss ja der, der auf dem Klettergerüst ist, der muss ja dann gegen die Sonne gucken und das geht nicht so einfach ... da muss man blenden, man muss so machen (Alex blinzelt mit den Augen) und dann klappt es nicht so richtig".

Wie Alex und Laura folgen sich Vorschulkinder gedanklich in ihren Vorstellungen, greifen Ideen auf, führen sie weiter und bringen ihr Erfahrungswissen ein.
Weil die Kinder außerdem ein gemeinsames Ziel vor Augen haben, lernen sie, Kriterien zu entwickeln, um zielgerichtet ihre Vorstellungen und die Vorstellungen anderer mit dem Vorhaben in Einklang zu bringen. Im gemeinsamen Aushandlungsprozess üben sie sich darin, zu argumentieren und zu diskutieren, um andere zu überzeugen – oder auch sich selbst überzeugen zu lassen – und

Kompromisse zu finden. So erfahren die Kinder viel darüber, was andere meinen und was in anderen Köpfen vor sich geht, und das wiederum bereichert sie in ihrem Vermögen, die eigene Perspektive zu überwinden und sich mit dem Denken anderer auseinander zu setzen. In einer Fähigkeit also, die im sozialen Austausch von ganz großer Bedeutung ist.

Neben den kommunikativen Leistungen, zu denen Kinder angeregt sind, beflügeln Medienprojekte sie auch in der Kompetenz, Zusammenhänge sprachlich nachzuvollziehen und Problemlösungen zu entwickeln. Wenn Alex und Laura beispielsweise gemeinsam überlegen, was wohl der beste Standort für ihr Fotomotiv sei, haben sie bereits erfahren, welche Bedeutung etwa Lichtverhältnisse für die Qualität einer Aufnahme haben. Diesen Zusammenhang können sie sprachlich herstellen und darüber ihr eigenes Handeln planen und reflektieren. Sprachliches Verstehen und Nachvollziehen von Arbeitsabläufen gelangt da ebenso zur Bedeutung, wie eine Auswahl zu treffen und diese zu begründen; zum Beispiel beim Begutachten erster Fotoergebnisse.

In der sprachlichen Begleitung der Kinder können Fragen und Anregungen die dialogische und reflektierende Verwendung von Sprache zusätzlich anstoßen: um gemeinsam Ideen zu entwickeln, um Entscheidungen zu treffen, um Wissen und Erfahrungen heranzuziehen, um Abläufe zu planen und Überlegungen anzustellen. Das geht einher mit komplexen Satzkonstruktionen: mit Nebensätzen für Begründungen (weil, damit), mit „Wenn-Dann-Konstruktionen" für die Erklärung von Ursachen und Folgen und mit dem Gebrauch von Modalverben und des Konjunktivs, um Vorschläge zu machen und eigene Sichtweisen einzubringen („wir könnten doch das Klettergerüst fotografieren"; „mir würde dieses Foto besser gefallen").

Medienproduktion bereichert kindliche Ausdrucksmöglichkeiten

Die (Symbol-)Sprache der Medien und ihre Gestaltungsmöglichkeiten, aber auch der nötige Fachjargon im Umgang mit der Medientechnik kann die Wahrnehmungswelt und dadurch den Wortschatz von Kindern erweitern. Zusätzlich lassen sich in der Medienproduktion ganz bewusst sprachliche Akzente setzen. Etwa, wenn das Mikrofon zum Spiel mit Stimme und Ausdruck einlädt.

Mit Medientechnik umgehen: Den Fachwörtern und ihren Bedeutungen auf der Spur
In Medienprojekten wächst bei den Kindern das Bedürfnis nach einer komplexen Sprache, die es ihnen ermöglicht, sich über ihr Tun und Handeln auf differenzierte Weise zu verständigen. Ganz unbefangen gehen sie mit dem fachüblichen Vokabular um. Sie kommentieren mit Kennermine die Startgeräusche des Computers „der fährt jetzt hoch", sie prüfen, ob im digitalen Fotoapparat „die Speicherkarte voll" oder „der Akku geladen" ist und fachsimpeln, wie das Gerät zu bedienen ist: „Erst muss man anmachen und hinten im Fenster siehst du alles. Dann drück ich auf den Knopf. Fertig!" Durch Wortneuschöpfung und Wortableitung bauen sie sich Brücken zum Fachjargon, erklären das Aufnahmegerät zum „Sprechomat" oder wollen bei den Aufnahmen „der Aufnehmer" sein. Und sie finden ihre ganz eigenen Definitionen, um sich die abstrakte Bedeutung eines Fachwortes zu erschließen: „Speichern ist das, wenn Frauke dem Computer sagt, dass wir das noch mal hören wollen", erklärt sich zum Beispiel Sabrina (4;9).
Im eigenaktiven Handeln mit den Medien stabilisieren und erweitern Kinder ihren Wortschatz und ihre Begriffswelt: im Verstehen und im Sprechen. Sie eignen sich neue, auch schwierige Begriffe an (speichern, scannen, laminieren) und lernen, bekannte Wörter in neuen Handlungszusammenhängen zu gebrauchen (Maus, löschen, brennen). Sie entdecken, dass Wörter und Redeweisen nicht immer wortwörtlich zu nehmen sind (der Computer ist abgestürzt) und lassen sich zum Spiel mit

dem Wortsinn inspirieren: „Ich glaub, der Computer möchte heut gar nicht. Ich glaub, der ist heut aus dem Bett gefallen", lacht Anika (4;6), als am Computer so gar nichts mehr geht. Den Prozess der kindlichen Aneignung von Fachwortbedeutungen kann Sprachförderung unterstützen, indem sie im Produktionsprozess

- das Verstehen der Kinder stets aufs Neue sichert,
- die Kinder ermuntert, ihr Medienwissen in (eigene) Worte zu fassen, und
- die Kinder dazu anregt, sich gegenseitig die Technik und ihre Funktionen zu erklären. In altersgemischten Gruppen können die jüngeren Kinder von den älteren sprachlich profitieren.

Mit der Foto-Kamera: Wahrnehmungen sprachlich fassen
Auch beim Fotografieren festigen und erweitern Kinder vor allem ihren Wortschatz. Handelnd erleben und verwenden sie zum Beispiel Präpositionen (an, auf, neben, zwischen, vor, unter, über) und Adverbien (oben, unten), um räumliche Perspektiven mit dem Fotoapparat einzufangen. Schließlich macht es einen Unterschied, ob das Plüschschwein von *oben* oder von *unten* aufgenommen wird, und ob Nele *zwischen* den Stühlen oder *neben* den Stühlen steht. So finden beim gemeinsamen Fotografieren mit anderen Kindern auch mehrsprachige Kinder vielfältige Gelegenheiten, um sich mit den Tücken der deutschen Grammatik zu beschäftigen. Heißt es zum Beispiel „stell dich in die Wand", heißt es „stell dich auf die Wand" oder heißt es nicht vielmehr „stell dich an die Wand"?

Betrachten Kinder durch den Sucher ihre Umgebung im Detail, halten sie in sinnlicher Erfahrung den Augenblick fest, bauen innere Bilder auf und bereichern damit ihre geistige Vorstellungskraft. Wahrnehmung verlangt nach sprachlichem Ausdruck, so dass Kinder bei der Erzeugung und Begutachtung ihrer Werke immer wieder Anreize finden, um ihr Sprachwissen auszudrücken und zu differenzieren: wenn sie schildern und beschreiben, was sie fotografieren wollen oder fotografiert haben, und wenn sie Vergleiche zwischen Abbildung und Realität anstellen. Im Gespräch mit den Kindern locken offene Fragen ihre Wahrnehmungen und Vorstellungen hervor. Zum Beispiel: Was müsste denn von euch auf dem Foto zu sehen sein? Was wäre denn der beste Platz, um das Foto zu machen? Toll, wie (oder wo) hast du das denn fotografiert? Dazu helfen ihnen sprachliche Impulse, passende Worte zu finden, um Bildsprache zu inszenieren und zu entschlüsseln. (Du könntest das Plüschschwein von schräg unten fotografieren. Auf dem Bild sieht der Wolf richtig bedrohlich aus; er guckt so grimmig).

Beim Vertonen: Gesprochene Sprache bewusst wahrnehmen und einsetzen
Im Gegensatz zum alltagssprachlichen Handeln präsentiert sich Sprache in Medienprodukten als eine bewusst formulierte Sprache. Schließlich ist eine möglichst klare Aussprache wichtig, damit das Publikum alles genau mitbekommt. Beim konzentrierten Einsprechen der Texte üben Kinder sich genau darin, und das hilft ihnen, ihr lautliches Repertoire und ihre artikulatorischen Fähigkeiten zu verfeinern.

> *Für ein digitales Märchenrätsel spricht Dennis (4;10) den Part des Rumpelstilzchens: „Heute back ich, morgen brau ich...", – flüsternd, jedes Wort betonend, macht er sein Rumpelstilzchen zum Hör-Erlebnis. Man sieht ihn förmlich vor sich, den Wicht, wie er sich voller Vorfreude die Hände reibt, „übermorgen der Königin ihr Kind zu holen." Und man ahnt, wie Dennis sich auf das Sprechen konzentriert. Dass ihm sein Sprachbeitrag so eindrucksvoll gelungen ist, wertet seine Erzieherin als großen Erfolg, neigt er im Alltag doch dazu, sehr hastig zu sprechen.*

Ebenso wichtig ist die Sprachmelodie oder Prosodie. Sie erzeugt in einem Sprechakt die gebotene Dramatik und transportiert zwischen den Zeilen Informationen an die Hörenden:

„Guten Tag, kleines Mädchen, was willst du so früh am Morgen hier im Wald?" So begrüßt der Wolf Annemarie, die Titelheldin einer Foto-Hörgeschichte, als sich die beiden begegnen. Seinen Worten nach scheint er freundlich gestimmt. Doch schwingt da ein knurrender, leicht drohender Unterton mit, und der lässt uns ahnen: Gevatter Wolf führt nichts Gutes im Schilde.

Vor dem Mikrofon mit der Stimme zu spielen, sie mal laut oder leise, piepsig, knurrend, geheimnisvoll, fröhlich oder drohend zu intonieren, macht Kindern Spaß und lässt sie die Sprachmelodie als ein schöpferisches Potenzial hautnah (er)spüren: um nonverbal Empfindungen auszudrücken und um Situationen, Menschen und Figuren zu charakterisieren. Mehrsprachige Kinder können sich vor dem Mikrofon außerdem mit den Betonungsmustern im Deutschen vertraut machen und ihren Umgang damit festigen, etwa bei Fragen und Antworten.

Wenn Kinder beim Vertonen ihrer Produkte ganz bewusst mit Stimme und Sprache umgehen, nehmen sie ihre verbalen und stimmlichen Äußerungen aufmerksamer wahr. „Da fehlt ein Wort", entdeckt Alea (4;11) und sie beschließt: „Ich sprech' noch mal rein". Auch Julia (6;0) ist mit der ersten Aufnahme noch nicht ganz zufrieden. „Da sag ich es ein bisschen durcheinander", lautet ihr selbstkritisches Urteil. Für die sprachliche Förderung bietet sich damit die Chance, Kinder beim Planen und Einsprechen ihrer Texte sprachlich anzuregen, ihnen Vorschläge für Formulierungen zu machen und Wortvarianten anzubieten (Der Wolf knurrt und fletscht seine Zähne, der Regen prasselt, das Feuer knistert usw.). Dazu freilich bedarf es der Auslotung kindlicher Ideen, Sprachfähigkeiten und Bedürfnisse. Nicht der „korrekte Satz", sondern der Spaß der Kinder am Sprechen muss im Vordergrund stehen. Was sie sagen, wie sie es sagen und ob sie ihre Aufnahmen verbessern möchten muss ihnen überlassen bleiben (Wolltest du das so sagen? Hat sich das gut angehört? Möchtest du es noch mal machen?). Und wie in allen Produktionsschritten benötigen sie auch beim Vertonen immer mal wieder die Anerkennung ihrer erwachsenen Bezugsperson (Ja genau, das könnte man auch sagen. Das ist eine gute Idee! Toll, da klingst du aber richtig geheimnisvoll!).

Am Computer: Die Welt der Schrift und Symbole entdecken
Am Bildschirm und im Umgang mit der Tastatur weckt der Computer die kindliche Neugierde auf Schrift und Schriftkultur. Begeistert tippen die Kinder für den Abspann die Namen aller mitwirkenden Mädchen und Jungen, Textbausteine im Produkt und gestalten mit Buchstaben den Titel für das Cover der CD. Oder aber sie diktieren ihrer Erzieherin einzelne Sätze und beobachten, wie ihre Gedanken, die sie in Worte fassen, über die Tastatur auf den Bildschirm wandern und später dann als Ausdruck immer wieder von ihnen und anderen „gelesen" werden. Dazu lernen sie die Symbolwelt des Computers kennen, erweitern darüber ihr Symbolverständnis und füllen ihren Wortschatz mit neuen und für sie reizvollen Wörtern auf. („Das ist ein Megaphon").

Medien inspirieren Kinder zum Erzählen

Mit den Medien lernen Kinder verschiedene Erzählweisen kennen, und das kann sie in der Ausformung ihrer Erzählkompetenz unterstützen. Der Alltag in der Kita, die Baustelle auf dem Nachbargrundstück, ein Besuch bei der Polizei, (Er)Leben im Stadtteil, Entdeckungen in der Natur, Freundschaft, Streit und Versöhnung – all das und noch viel mehr sind Themen, die in Medienprojekten mit Kindern zur Sprache kommen können – als Reportage, Dokumentation, Fotocollage oder frei erfundene Geschichte.

Aber auch Märchen, Kinderliteratur, Verse und Gedichte lassen sich wunderbar in Szene setzen, in Bild, Klang und Sprache.

Eigene Geschichten inszenieren
Besonders gefragt ist das kindliche Erzähltalent bei der Inszenierung von selbst ausgedachten Geschichten, was Vorschulkindern schon gut gelingt. Hier sind die Kinder gefordert, sich einen „roten Erzählfaden" zu überlegen und diesen auszubauen. Durchaus greifen die Kinder bei der Stoffsammlung zunächst auf die ihnen bekannten Inhalte zurück, die sie aus dem Bilderbuch, dem Fernsehen oder von der Hörkassette kennen. Doch Kinder sind kreativ und fantasievoll und es dauert nicht lange, bis sie sich aus ihren vielen medialen und realen Eindrücken ihre ganz eigene Geschichte basteln und so ihre inneren Bilder zur Sprache bringen.

> *„Es geht ein bisschen um Traurigkeit und Mütigkeit, und ein bisschen um Austricksen", beschreibt Christine (5;11) die Geschichte „Annemarie und die wilden Tiere", die sie und die anderen Kinder sich ausgedacht und als Foto-Hörbuch inszeniert haben. Die Geschichte enthält Versatzstücke aus Rotkäppchen, denn die Heldin möchte ihre kranke Großmutter besuchen und auf dem Weg durch den Wald trifft sie unter anderem auf den Wolf. „Mein Gott – der Wolf – bei dem Märchen ‚Rotkäppchen' hatte er das Rotkäppchen aufgefressen, ich muss ihn irgendwie austricksen", wird sich die Figur Annemarie in der Geschichte denken. Denn Annemarie ist anders als Rotkäppchen. Sie „kann auch auf Pferde reiten, auch im Stehen – ja auch genau wie Pippi Langstrumpf", stellt Christine, ihre Schöpferin klar.*

Die Kinder machen sich Gedanken über das Handeln der Figuren, ihr Auftreten und ihre Motive. Sie überlegen sich Dialoge zwischen den Figuren, und sie überlegen sich, was in Bild und/oder Ton dargestellt vorkommen soll, wie die Geschichte beginnt und wie sich „Spannung" herstellen, aufbauen und wieder auflösen lässt.

> *Annemarie schlägt dem Wolf vor, Verstecken zu spielen: Der Wolf bindet sich die Augen mit Annemaries Schal zu und zählt bis 20. Er verzählt sich aber mehrmals: „1, 4 oh, ich glaube, das war falsch. Ich fange noch einmal von vorne an: 1, 3, oh ich muss schon wieder von vorne anfangen". Genügend Zeit also für Annemarie, um wegzureiten.*

Bei der Inszenierung in Ton und Bild können die Kinder auf verschiedene Mittel der Dramaturgie zurückgreifen. Geräusche und Musik zum Beispiel können die Atmosphäre einer Situation verdichten oder auf Wendungen in der Handlung hinführen. In einer Fotogeschichte wiederum sind die Bildmotive und ihre Anordnung entscheidend dafür, wie die Handlung rüberkommt. Auf diese Weise mit dramaturgischer Inszenierung zu experimentieren, bereichert Kinder ebenfalls in ihrem Talent zu erzählen. Und zur Ausgestaltung der Ereignisse mit sprachlicher Dramatik werden für sie zeitliche Hervorhebungen (nachdem, bevor), unerwartete Wendungen (plötzlich, obwohl, trotzdem) und ursächliche Zusammenhänge (weil, wenn … dann) wichtig:

> *„Nachdem Annemarie die Blumen gepflückt hatte, ritt sie immer tiefer in den Wald. Plötzlich blieb Leon an einem Baum stehen und bellte."*

Gewählte Worte
Je nach Thema und Inhalt eines Produkts kommt Sprache unterschiedlich vor. Sie beschreibt und berichtet, sie fabuliert in märchenhafter Form, klangschön ist ihr Spiel mit Silben und Lauten. Das

Kennenlernen von und Umgehen mit verschiedenen Erzählvarianten unterstützt Kinder zum einen in der Ausformung von Textverständnis und Textproduktion. Zum anderen kann sprachliche Förderung die kindliche Aufmerksamkeit ganz bewusst auf bestimmte sprachliche Elemente lenken. Stehen zum Beispiel Verse, Reime, Gedichte und Sprüche im Drehbuch, sind Kinder dazu herausgefordert, die Lautstruktur von Sprache zu beachten. Reizvoll ist es für sie, mit Klang und Rhythmus schöpferisch zu arbeiten, Worte aufzugreifen, lautmalerisch zu interpretieren, sie zu verfremden und für sich zu verwenden.

Als die Kinder (zwischen 5 und 6 Jahren) ihre ersten Hörstücke mit gängigen Tischsprüchen erstellt hatten, waren sie angeregt, eigene Reime zu finden. Von Robbie stammt dieser Spruch: „Der Leopard frisst gerne Fleisch, na warte, er frisst dich gleich. Guten Appetit!"

Auch Kinderverse und Zaubersprüche aus anderen Kulturen können in den Medienwerken der Kinder vorkommen und zur sinnlichen Klangreise kreuz und quer durch die Welt der Sprachen werden.

In Märchen und Kinderliteratur sind die Vergangenheitsformen Imperfekt und Plusquamperfekt häufig anzutreffen, oft gepaart mit ausgewählt schönen Worten und komplexen Satzkonstruktionen. Mit dieser Sprache zu spielen, sie in den Mund zu nehmen, Sätze zu ändern und mit eigenen Kreationen zu bereichern, fördert das Verstehen der Kinder für literarische und kontextfreie Sprache und unterstützt sie darin, komplex gestaltete Satzstrukturen in ihren aktiven Sprachschatz aufzunehmen und obendrein in ihren Wortschatz semantische Tiefe zu bringen.

„Nachdem der Tiger gierig vom königlichen Bienenhonig genascht hatte, hörte er ein lautes Summen und er spürte schmerzhafte Stiche an seiner Pfote. Die zornigen Bienen griffen den Eindringling an. Voller Furcht floh der Tiger zu einer Wasserstelle. Annemarie aber stieg auf ihr Pferd und ritt flink davon". „Ich bin die kleine Annemarie, aber ein wildes Tier, das kriegt mich nie".

Präsentieren, erinnern und erzählen
Die Präsentation ihres Werks vor einem Publikum, das sich dafür interessiert, was sie zu sagen und zu zeigen haben, lässt schließlich die Kinder sich selbst als aussagefähig und aussagekräftig erleben. Das stärkt sie in ihrem Selbstbewusstsein und damit in ihrem Sprachselbstbewusstsein. Und auf der sprachlichen Ebene handeln die Kinder in der Vergangenheit (v.a. im Perfekt), wenn sie den Gästen erzählen, was sie produziert haben und wie sie vorgegangen sind.

„Hallo liebe Gäste!"
„Wir haben euch heute eine schöne Märchen-CD gemacht. Ich hoffe, es hat euch Spaß gemacht. Wir haben uns ganz doll Mühe gegeben, ins Mikrofon gesprochen, fotografiert und gemalt. Ihr müsst rausfinden, welches Märchen zusammenpasst, welche Bilder zusammengehören zu den Lautsprecher. Ich wünsche euch viel Spaß!" (Anika, 4;3 mit Hilfe ihrer Erzieherin)

3. Ausblick

Ohne Sprache kommen Medien und damit Medienprojekte nicht aus. Sie trägt und begleitet den Produktionsprozess, sie fasst Wahrnehmung in Worte und sie ist handlungstragendes Element in den Produkten der Kinder, in ihren Erzählungen, Versen und Alltagsschilderungen. Das sprachliche Potenzial der aktiven Medienarbeit (und aller anderen Bildungsbereiche) zu entdecken und zu nutzen, kann allerdings nicht heißen, die Aktivitäten mit Sprache zu überfrachten und sie für die Sprachförderung zu funktionalisieren. Eine inhalts- und handlungsorientierte Sprachförderung zeichnet sich vielmehr dadurch aus, spezifische Schnittstellen und sprachliche Schwerpunkte gezielt aufzugreifen, so dass Bildungsbereich, in diesem Fall die aktive Medienarbeit, und Sprachförderung voneinander profitieren können. Voraussetzung dafür ist zweierlei:

- Einmal eine fundierte Qualifizierung, die neben konkret praktischem Medienwissen pädagogisch-didaktisches Know-how einschließt.
- Zum Zweiten die gezielte und kontinuierliche Beobachtung von Kindern in ihrem Sprachhandeln, die auf vertieftem und theoretisch fundiertem Wissen zum kindlichen Spracherwerb beruht.

Beides ermöglicht, Kinder als kompetente Sprachpersönlichkeiten wertzuschätzen, sie in ihrem Spracherwerbsprozess angemessen zu begleiten und zu unterstützen und dafür das zweifelsohne reichhaltige und schöpferische Potenzial der aktiven Medienarbeit gezielt zu nutzen.

■ Literatur

Best, Petra: Medienarbeit und Sprache. In: Jampert, Karin; Zehnbauer, Anne; Best, Petra; Sens,Andrea; Leuckefeld, Kerstin; & Laier, Mechthild (Hrsg): Kinder-Sprache stärken! Sprachliche Förderung in der Kita – Das Praxismaterial. Heft 2a, S.39 -75. Weimar/Berlin 2009

Best, Petra, Zehnbauer Anne: Kinder-Sprache stärken. In: TPS - Leben, Lernen und Arbeiten in der Kita, 2009, Heft 4, S.46-50

Jampert, Karin; Zehnbauer, Anne; Best, Petra; Sens,Andrea; Leuckefeld, Kerstin; & Laier, Mechthild (Hrsg): Kinder-Sprache stärken! Sprachliche Förderung in der Kita – Das Praxismaterial. Weimar/Berlin 2009

Jampert, Karin; Leuckefeld, Kerstin; Zehnbauer Anne; & Best, Petra: Sprachliche Förderung in der Kita. Wie viel Sprache steckt in Musik, Bewegung, Naturwissenschaften und Medienarbeit? Weimar/Berlin 2006

Weitere Materialien und Informationen unter www.dji/sprachfo-kita.de

Teil 2

Medienprojekte mit dem Fokus der Sprachkompetenzförderung

Handreichungen für die Praxis

Kati Struckmeyer

Medienprojekte zur Sprachkompetenzförderung mit kleinen Kindern von drei bis fünf Jahren

Bereits für kleine Kinder im Kindergarten sind Medien elementarer Bestandteil des Familienlebens und beanspruchen in ihrem Alltag viel Zeit. Besonders interessiert sind Kinder in diesem Alter an Hörspielkassetten und CDs, wobei auch das Fernsehen langsam wichtig wird. Darüber hinaus beobachten kleine Kinder schon interessiert das Medienverhalten der Eltern und wissen meist auch die Bedeutung von Handy, Computer und Internet einzuordnen. Medienerziehung muss deshalb auch ein fester Bestandteil der Elternarbeit im Kindergarten sein, einerseits um den Eltern kontinuierlich Hilfestellungen an die Hand zu geben, andererseits aber auch, um neue Trends und Probleme im Umgang mit Medien aufzugreifen. In der konvergenten Medienwelt bezieht sich die Medienaneignung von Kindern nicht mehr nur auf Einzelprodukte, sondern auf Basisangebote, die je nach Medium in verschiedenen Variationen erhältlich sind (z.B. CD und Bilderbuch zur Fernsehserie etc.)[1].

Der Bildungsauftrag im Kindergarten beinhaltet aus medienpädagogischer Sicht auch, Medien als Produktionsmittel für Kinder erfahrbar zu machen. Damit werden einer bloßen „Berieselung" durch Medien kreativ-produktive Prozesse entgegen gesetzt und vernetzte Strukturen in dieser konvergenten Medienwelt durchschaubar gemacht. Um diese Prozesse in Gang zu setzen, kann mit kleinen Kindern schon erfolgreich in den Bereichen Audio, Foto und Video gearbeitet werden.

In welchem Rahmen Kinder je nach Alter mit Medien umgehen können, zeigt die folgende Tabelle:

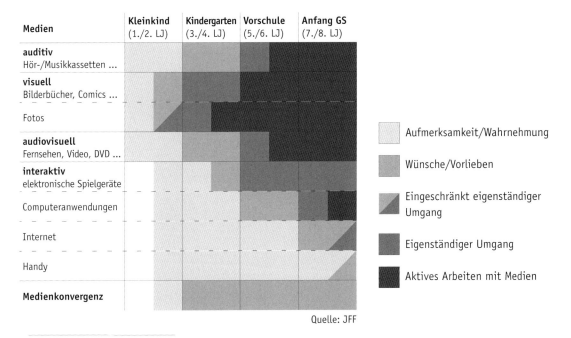

Quelle: JFF

---

1   Vgl. Theunert, 2009; Schorb, Anfang, Demmler, 2009

Grenzen werden kleinen Kindern von bestimmten entwicklungspsychologischen und motorischen Bedingungen gesetzt, die man in der Projektkonzeption beachten muss, um die Kinder nicht zu überfordern und damit zu demotivieren.

Der wichtigste Aneignungs- und Verarbeitungsmechanismus, den Kinder in diesem Alter haben, ist das Spiel. Konzipiert man Medienprojekte sehr spielerisch, greift man die kindliche Fähigkeit auf, sich Wissen durch Spielen anzueignen und auf diese Weise kreative, sozial-emotionale und auch kognitive Kompetenzen entwickeln können.[2] Deshalb ist es wichtig, abwechslungsreich-spielerische Einheiten zu planen, die die Kinder (auch zeitlich) nicht überfordern, ihnen aber trotzdem zu bewältigende Herausforderungen stellen. Es ist darauf zu achten, dass die Kinder Medien als kreatives Werkzeug kennen lernen, mit dessen Hilfe sie ihre Geschichten erzählen können. Das Geschichtenerzählen ist für Kleinkinder meist noch chronologisch: „dann passierte dies, und dann passierte das", ohne Spannungsbogen und Dramaturgie. Das heißt, dass man die Kinder mit Stilelementen wie Dramaturgie und Witz überfordert und ihnen Vorstellungen aufdrängt, denen sie nur schwer folgen können. Stattdessen sollte man lieber bei den eigenen Erfahrungen der Kinder anknüpfen und diese in medial erzählte Geschichten umsetzen – z.B. den eigenen Geburtstag, traditionelle Feste wie Weihnachten oder das Zuckerfest u.v.m.

---

2   Vgl. Bader, 2005; Anfang, Demmler, Lutz, 2005

Kati Struckmeyer

Fotoprojekte mit kleinen Kindern

Das Medium Foto ist kleinen Kindern meist durch die Fotokameras der Eltern vertraut, welche sie manchmal auch schon selbst benutzen dürfen. Außerdem ist es das Medium, mit dem bereits kleine Kinder weitgehend autonom arbeiten können. Auch ohne zu viel Wert auf Bildästhetik oder technische Raffinessen zu legen ist es spannend, Kindern durch Fotokameras die Möglichkeit zu geben ihre Sicht auf die Welt zu zeigen. Dabei sollte man im sozialen Nahraum der Kinder, also z.B. der Kindertageseinrichtung beginnen, indem man z.B. alle Räume fotografiert, die Kinder sich gegenseitig porträtieren oder der Spielplatz in der Nähe zum Fotostudio wird. Ein spielerischer Einstieg ist die wichtigste Voraussetzung in ein solches Fotoprojekt.

> **Projektname:** Mein Kindergarten und ich
> **Inhalt/Untertitel:** Fotoprojekt mit kleinen Kindern von drei bis fünf Jahren
> **Zeitlicher Umfang:** 5 Wochen mit einem wöchentlichen Termin à 1,5 Stunden oder Projektwoche mit täglichen Projektterminen à 1,5 Stunden (beim diesem Modell muss man sich vorher logistisch genau überlegen, wie man das Entwickeln der Fotos und das Verschicken der Einladungen in den Zeitplan eintaktet)
> **Vorkenntnisse:** Technische und ästhetische Grundlagen der Fotografie
> **Technik:** Zwei Fotokameras, Laptop, wenn möglich Beamer und Leinwand zum Betrachten der Fotos
> **Gruppengröße:** Im Idealfall zehn Kinder und zwei PädagogInnen. Wenn dieser Betreuungsschlüssel nicht möglich ist, funktioniert das Projekt auch mit mehr Kindern, wobei bei Medienprojekten ganz besonders die individuelle Begleitung der Kinder notwendig ist.

■ Pädagogische Zielsetzung

Fotoprojekte bieten Kindern unzählige Möglichkeiten, die Welt zu erkunden und ihre Sicht auf diese Welt medial zu gestalten und darzustellen. Dadurch wird ihre optische Wahrnehmung geschult und verbessert. Darüber hinaus lernen sie in einem Fotoprojekt den technischen Umgang mit dem Fotoapparat. Die Übertragung der Bilder auf den Laptop per USB-Kabel kann von den älteren Kindern schon begleitet und teilweise auch selbstständig durchgeführt werden. Den Dreijährigen fehlen hierzu meist noch die feinmotorischen Fähigkeiten im Umgang mit der Maus und das Verständnis für die ablaufenden Vorgänge. Der Prozess der Medienkompetenzförderung beinhaltet neben technischem Wissen auch Grundlagen der Fotoästhetik wie Perspektive, Einstellungsgröße und Format.

Ziele von Fotoprojekten mit kleinen Kindern sind außerdem die Förderung von Sozial- und Sprachkompetenz. Im Bereich der Sozialkompetenz geht es sowohl darum, seine Rolle in ablaufenden Gruppenprozessen zu finden und zu behaupten, als auch darum, Kritik an den eigenen Bildern anzunehmen und an denen anderer zu üben. Hier liegt auch die Schnittstelle zur Sprachkompetenzförderung, denn Bildbeschreibung und -kritik, ob an eigenen oder fremden Bildern, fördern eine differenzierte Sprachfähigkeit (siehe Best in diesem Band.

■ Ablauf

1. Einheit – Einführung
Materialien: Fotokameras, Fotos, Fotoalben, Bilderrahmen, Laptop, Maus, Decke, Tücher zum Augenverbinden

Alle Kinder sitzen im Kreis zusammen, in der Mitte liegen unter einer Decke versteckt die Fotokameras, Fotos, Fotoalben, Bilderrahmen, der Laptop und die Maus. Nacheinander dürfen die Kinder fühlen, was sich unter der Decke befindet, es aber noch nicht verraten. Dann erzählen sie der Reihe nach, was sie unter der Decke erfühlt haben, ob sie selbst schon einmal damit gearbeitet haben, ob sie zu Hause auch eine Fotokamera, ein Fotoalbum und/oder einen Laptop haben und wie sie diese eventuell schon einmal gebraucht haben. Die PädagogInnen erklären, dass heute der Start eines Fotoprojekts ist, bei dem es darum geht, sich gegenseitig und den Kindergarten fotografisch zu dokumentieren. Daraus soll am Ende eine Ausstellung entstehen, zu deren Eröffnung alle Familien eingeladen werden.

Es folgt eine Erklärung der wichtigsten Bestandteile eines digitalen Fotoapparates, der dabei gezeigt und herumgegeben wird. Anhand des menschlichen Körpers lassen sich die wichtigsten Teile und Funktionen eines Fotoapparates anschaulich erklären:
- Speicherkarte = Gehirn
- Batterien = menschliche Nahrungsaufnahme zur Energiegewinnung
- Linse = Auge
- Ein-/Ausschalter drücken = morgens Aufwachen/abends Einschlafen

Außerdem wichtig sind:
- Blitz für dunkle Situationen = Taschenlampe
- Zoom, um Entferntes nahe heran zu holen = Lupe
- LCD-Bildschirm, um sich die Bilder anzusehen = Fernseher
- Sucher als Guckloch zum Fotografieren = Fenster

Spiel: Der lebende Fotoapparat

Die Kinder finden sich in Paaren zusammen. Ein Kind verbindet seinem Partner/seiner Partnerin die Augen. Das Kind mit den verbundenen Augen ist der Fotoapparat, das andere der Fotograf/die Fotografin. Der Fotoapparat wird herumgeführt und darf vor einem Motiv, das das andere Kind bestimmt, die Augenbinde abnehmen. Zum Zeichen des Knipsens wird seine Hand gedrückt und damit sein Auslöser betätigt. Jedes Kind darf drei Fotos machen, dann werden die Rollen getauscht. Wenn alle fertig sind, versucht jedes Kind im Kreis genau zu beschreiben, welche drei Fotos es als Fotoapparat gemacht hat.

Am Ende des ersten Treffens werden die Kinder darauf vorbereitet, dass es beim nächsten Mal darum geht, welche Möglichkeiten man beim Fotografieren hat und dass alle sich gegenseitig fotografieren dürfen.

2. Einheit – Erste fotografische Experimente
Materialien: Fotoapparate, Laptop, USB-Kabel, vorbereitete Fotos (s.u.), Beamer, Leinwand oder weiße Wand

Am Anfang sitzen wieder alle im Kreis zusammen und überlegen noch einmal, was sie beim letzten Mal schon über den Fotoapparat gelernt haben. Dabei wird alles am Fotoapparat gezeigt und ausprobiert. Dann werden einige Grundlagen der Fotoästhetik und der Bildgestaltung erklärt. Hier

empfiehlt es sich, einige Bilder vorzubereiten und sie gemeinsam mit der Gruppe zu besprechen. Sinnvoll sind hierfür:
- Bilder im Hoch- und Querformat
- Bilder aus der Frosch-, Vogel- und Normalperspektive

Den Kindern wird anhand der vorbereiteten Bilder erklärt:
- Das Hochformat nutzt man, wenn man z.B. einen stehenden Menschen oder ein hohes Haus fotografiert.
- Das Querformat nutzt man, wenn man eine Gruppe Menschen oder eine Landschaft fotografiert.
- Fotografiert man aus der Vogelperspektive, wirken große Dinge viel kleiner, weil man wie ein Vogel auf sie hinunterschaut.
- Fotografiert man aus der Froschperspektive, wirken kleine Dinge viel größer, weil man mit dem Fotoapparat zu ihnen aufschaut.
- Fotografiert man aus der Normalperspektive, wirkt das fotografierte Motiv, wie der Name schon sagt, ganz „normal".

Jetzt dürfen die Kinder das Gelernte selbst ausprobieren. Je fünf Kinder ziehen mit einer Pädagogin/einem Pädagogen durch die Kindertagesstätte. Jedes Kind wird an seinem Lieblingsplatz fotografiert – im Hoch- und Querformat und aus der Frosch-, Vogel- und Normalperspektive. Zurück im Gruppenraum werden die Fotos von den Kameras auf den Laptop übertragen, der an einen Beamer angeschlossen ist. Jetzt können die Fotos ganz in Ruhe betrachtet, beschrieben und ausgewertet werden. Und jedes Kind darf sich zwei Bilder aussuchen, die im Laptop in einem Extraordner für die abschließende Ausstellung abgespeichert werden.

3. Einheit – Fotografische Erkundung des Kindergartens
Materialien: Fotoapparate, Laptop, USB-Kabel, Beamer, Leinwand oder weiße Wand, vorbereitete Fotos (s.u.)

Am Anfang sitzen wieder alle zusammen und erinnern sich noch einmal daran, was sie beim letzten Treffen über Perspektiven und Formate gelernt haben. Das Wissen wird heute um zwei Punkte erweitert, die wieder anhand folgender vorbereiteter Bilder erklärt werden können:
- eine scharfe und eine unscharfe Aufnahme
- eine Nahaufnahme und eine aus der Ferne

Den Kindern wird anhand der vorbereiteten Bilder erklärt:
- Geht man zu nah an sein Motiv heran, kann es unscharf werden.
- Aufnahmen aus der Ferne geben einen Überblick über die gesamte Situation.
- Mit Nahaufnahmen bildet man immer nur einen kleinen Ausschnitt ab und gibt Betrachtenden die Möglichkeit, etwas ganz genau zu sehen.

Jetzt dürfen die Kinder wieder selber ausprobieren, wie sich Nähe und Ferne beim Fotografieren auswirken. Dazu bietet sich ein weiteres Fotospiel an.

Spiel: Rätselfotos

Die Kinder teilen sich wieder in zwei Gruppen mit jeweils einer Pädagogin/einem Pädagogen. Jede Gruppe zieht los und macht Fotos von Detailaufnahmen an bestimmten Orten, z.B. eine Stange vom

Geländer, ein Blatt von einem Baum oder eine Fließe im Bad. Dabei muss darauf geachtet werden, dass die Details nicht unscharf werden. Nach der Nahaufnahme wird noch eine Aufnahme von weiter weg fotografiert, die zeigt, wo das Detail sich befindet. Wenn alle fertig sind, kommen die beiden Gruppen zusammen, üben wieder das Übertragen der Bilder auf den Laptop und schauen sie sich über den Beamer an. Dabei muss jeweils eine Gruppe raten, welche Details die andere Gruppe fotografiert hat, bevor das Auflösungsbild eingeblendet wird. Nach dem Orte-Raten überlegen alle noch einmal gemeinsam, wo man außerdem solche Rätselfotos im Kindergarten machen könnte und begeben sich auf Bilderjagd. Die schönsten werden wieder im Ordner „Ausstellung" auf dem Laptop abgespeichert.

4. Einheit – Fotos zum Thema Spielen
Materialien: Fotokameras, USB-Kabel, Laptop, Beamer, Leinwand oder weiße Wand

Am Anfang gibt es wieder einen Erzählkreis, in dem wiederholt wird, was jetzt schon alles über das Fotografieren gelernt wurde. Die Kinder werden auch aufgefordert zu erzählen, ob sie etwas davon auch schon zu Hause mit der eigenen Kamera oder der Kamera der Eltern ausprobiert haben. Dann geht die Gruppe gemeinsam auf den Spielplatz bzw. in den Garten, der zur Einrichtung gehört oder an einen allen bekannten Ort. Nun dürfen die Kinder fotografieren, wo sie gern spielen, mit wem und was. Dabei erinnern die begleitenden PädagogInnen immer wieder an die gestalterischen Möglichkeiten, die man beim Fotografieren hat, wie Perspektive, Einstellungsgröße etc.
Im Anschluss treffen sich wieder alle gemeinsam beim Laptop mit Beamer, um das Übertragen der Fotos zu üben und die Bilder gemeinsam zu besprechen. Die schönsten werden wieder ausgesucht und extra für die Ausstellung abgespeichert.
Abschließend fotografieren die Kinder sich noch gegenseitig beim Fotografieren, damit die Ausstellung auch um ein Plakat ergänzt werden kann, auf dem die jungen FotografInnen in Aktion zu sehen sind. Auch diese Bilder werden wieder auf den Laptop übertragen und für die Ausstellung ausgewählt.
Die PädagogInnen sollten daran denken, die Einladungen für die Familien zur Ausstellungseröffnung, die im Anschluss an das fünfte und letzte Treffen stattfinden soll, rechtzeitig vorzubereiten und zu verschicken.

5. Einheit – Vorbereitung der Ausstellung
Materialien: entwickelte Bilder, die alle gemeinsam für die Ausstellung ausgesucht haben, große Pappen, Klebstoff, Stifte

Beim letzten Treffen wird die Ausstellung vorbereitet. Dazu werden die Portraits der Kinder am Lieblingsplatz, auf dem Spielplatz und beim Fotografieren auf je ein Plakat geklebt. Die Rätselbilder mit Nahaufnahmen bekommen ein Extraplakat. Dazu wird das Auflösungsbild unter einer Pappklappe versteckt, auf dem das Rätselbild (die Nahaufnahme) klebt. Somit müssen die Ausstellungsbesucher erst einmal raten, wo das Foto gemacht wurde, bevor sie es umklappen und die Lösung sehen können.
Zwei Kinder werden als ModeratorInnen ausgewählt, die die Aufgabe haben, bei der Eröffnung das Publikum zu begrüßen und zu erklären, was beim Projekt gemacht und gelernt wurde – natürlich

mit Hilfe der PädagogInnen. Von den anderen Kindern sind immer zwei zusammen für ein Plakat verantwortlich, das sie dem Publikum vorstellen und erklären („Da sieht man uns auf dem Spielplatz – jeder da, wo er am liebsten spielt. Das haben wir im Querformat fotografiert....").
Wenn alles gut vorbereitet und geprobt wurde, kommt die offizielle Eröffnung vor dem geladenen Publikum. Getränke und Knabbereien geben der Vernissage einen schönen Rahmen. Nach der offiziellen Eröffnung durch die ModeratorInnen können sich alle in Ruhe die Ausstellung anschauen. Die FotografInnen erzählen die Geschichten zu ihren Fotos.

■ Reflexion

Das Projekt „Mein Kindergarten und ich" bietet einen guten Einstieg in die Arbeit mit kleinen Kindern und Medien. Es beinhaltet zahlreiche Sprech- und Erzählanlässe, fordert zu differenzierter Bildbeschreibung auf und hat seinen Höhepunkt in der Präsentation vor den Eltern, die auch verbal bestritten werden muss. Wenn mehr Zeit verfügbar ist, lässt sich das Projekt wunderbar mit einem Audioprojekt kombinieren (siehe nächster Artikel) oder zu einem Stadterkundungsprojekt ausbauen. Dabei stehen nach dem fotografischen Erkunden des Kindergartens und des Spielplatzes auch Fotosafaris z.B. zum Bäcker, Apotheker oder nächsten Kiosk auf dem Programm. Somit obliegt es den PädagogInnen, das Ziel und die Laufzeit des Projekts festzulegen.

Kati Struckmeyer

Audioprojekte mit kleinen Kindern

Da es für kleine Kinder noch recht schwierig ist, sich komplexe Geschichten mit Handlungssträngen zu überlegen, die nur auditiv dargestellt werden können, bietet sich im Bereich Audio ähnlich wie im Bereich Fotografie das dokumentarische Arbeiten an. Die Erkundung des Kindergartens mit einem Audioaufnahmegerät sensibilisiert für das Zuhören, Wahrnehmen von Geräuschen und motiviert zu ersten kleinen Interviews.

Die Potenziale des Spracheinsatzes bei Audioprojekten liegen sowohl in der Verbesserung der Wahrnehmung der eigenen Stimme durch das Anhören der Aufnahmen, als auch im Aufforderungscharakter, den das Sprechen in ein Mikrofon hat. Dabei steigt die Motivation, Fehler auszubessern, um zufriedener mit dem Produkt zu sein.

Das im Bereich Fotoprojekte mit kleinen Kindern vorgestellte Konzept (s. S. 69) wird hier noch um den Bereich Audio erweitert, der mit dem Fotoprojekt verflochten werden kann.

Projektname: Mein Kindergarten und ich
Inhalt/Untertitel: Foto- und Audioprojekt mit Kindern von drei bis fünf Jahren
Zeitlicher Umfang: sechs Wochen mit einem wöchentlichen Termin à 1,5 Stunden oder 1,5 Projektwochen mit täglichen Projektterminen à 1,5 Stunden (beim diesem Modell muss man sich vorher logistisch genau überlegen, wie man das Entwickeln der Fotos und das Verschicken der Einladungen in den Zeitplan eintaktet)
Vorkenntnisse: Technische und ästhetische Grundlagen der Fotografie und des Audioaufnahmegeräts
Technik: Zwei Fotokameras, zwei digitale Audioaufnahmegeräte, zwei Mikrofone, zwei Kopfhörer, Boxen, Laptop, wenn möglich Beamer und Leinwand zum Betrachten der Fotos, Audioschnittprogramm (z.B. audacity ➔ kostenlos, kann aus dem Internet heruntergeladen werden)
Gruppengröße: Im Idealfall zehn Kinder und zwei PädagogInnen.

■ Pädagogische Zielsetzung

Die Kombination von Audio und Foto erweitert die Möglichkeiten des Projekts „Mein Kindergarten und ich". Neben Förderpotenzialen im Bereich der visuellen Wahrnehmung erschließen sich dadurch auch Fördermöglichkeiten im auditiven Bereich. Nach einer Einführung ist es den Kindern möglich, selbstständig mit den Aufnahmegeräten durch den Kindergarten zu ziehen und Aufnahmen zu machen. Der Audioschnitt kann von kleinen Kindern meist noch nicht bewältigt werden, da sie diesen Prozess nur teilweise oder schlecht verstehen und feinmotorisches Arbeiten mit der Maus dafür nötig ist. Da ungeschnittene Audioaufnahmen jedoch oft nicht gut zu präsentieren sind, müssten sich die betreuenden PädagogInnen damit auseinandersetzen, den Kindern aber trotzdem einmal zeigen, was sie da schneiden und warum.

Ziele von Foto- und Audioprojekten mit kleinen Kindern sind außerdem die Förderung von Sprach- und Sozialkompetenz. Der hohe Aufforderungscharakter des Mikrofons reizt auch schüchterne Kinder, sich aktiv sprachlich zu beteiligen. Gemeinsam können sich die Kinder nach einem reflektierten Anhören der Aufnahmen dazu motivieren, Fehler auszubessern oder sprachliche Variationen zu finden.

■ Ablauf

1. Einheit – Einführung
Materialien: Fotokameras, digitale Audioaufnahmegeräte, Mikrofon, Kopfhörer, Laptop, Maus

Die PädagogInnen erklären, dass heute der Start eines Medienprojekts ist, bei dem es darum geht, sich gegenseitig und den Kindergarten mit Fotos und Audioaufnahmen zu dokumentieren, woraus am Ende eine Präsentation entstehen soll, zu der alle Familien eingeladen werden.
Beim ersten Treffen geht es zunächst um Fotografie. Es folgt eine Erklärung der wichtigsten Bestandteile eines digitalen Fotoapparates, der dabei gezeigt und herumgegeben wird. Anhand des menschlichen Körpers lassen sich die wichtigsten Teile und Funktionen eines Fotoapparates anschaulich erklären.[1]

Spiel: Teekesselchen mit Fotos

Alle überlegen sich zusammen einige Teekessel-Begriffe (Teekesselbegriff: gleiches Wort mit zwei Bedeutungen). Dann teilen die Kinder sich in Zweiergruppen auf. Jede Gruppe fotografiert je zwei Bilder eines Teekessel-Begriffs.
Beispiele für Teekesselchen:
- Bienenstich (Kuchen und der Stich einer Biene)
- Brille (auf der Nase und auf der Toilette)
- Blatt (Papier oder am Baum)
- Birne (zum Essen oder in der Lampe)
- Schloss (für Könige und zum Auf- und Zusperren)
- Glas (als Trinkbehälter und das Material)
- Mutter (vom Kind und für die Schraube)
- Iris (die Blume und die im Auge)
- Ente (das Tier und das Auto)

Dann können die Fotos laminiert werden, so dass der Kindergarten danach ein Teekesselchen-Spiel hat, das immer wieder verwendet werden kann.

---

1 Siehe S. 70 / Fotoprojekte mit kleinen Kindern

Spiel: Teekesselchen-Raten

Zwei Kinder beschreiben einen Teekessel-Begriff (gleiches Wort mit unterschiedlicher Bedeutung). Der Rest der Gruppe errät, von welchem Teekesselchen die Rede ist. Die laminierten Fotos dienen als Vorlage für die Teams, die die Begriffe erklären müssen.

Am Ende des ersten Treffens werden die Kinder darauf vorbereitet, dass es beim nächsten Mal darum geht, welche Möglichkeiten man beim Fotografieren hat. Dazu soll jedes Kind sein liebstes Spielzeug mit in den Kindergarten bringen.

2. Einheit – Erste fotografische Experimente
Materialien: Fotoapparate, Laptop, USB-Kabel, vorbereitete Fotos (s.u.), Beamer, Leinwand oder weiße Wand, Lieblingsspielzeug

Am Anfang sitzen wieder alle im Kreis zusammen und überlegen noch einmal, was sie beim letzten Mal schon über den Fotoapparat gelernt haben. Dabei wird wieder am Fotoapparat gezeigt und ausprobiert. Dann werden einige Grundlagen der Fotoästhetik und der Bildgestaltung erklärt. Hier empfiehlt es sich, einige Bilder vorzubereiten und sie gemeinsam mit der Gruppe zu besprechen.[2]

Jetzt dürfen die Kinder das Gelernte selbst ausprobieren. Dazu dürfen sie ihr Lieblingsspielzeug hervorholen. Jedes Spielzeug wird im Hoch- und Querformat und aus der Frosch-, Vogel- und Normalperspektive fotografiert. Dann werden die Fotos von den Kameras auf den Laptop übertragen, der an einen Beamer angeschlossen ist. Jetzt können die Fotos ganz in Ruhe betrachtet, beschrieben und ausgewertet werden. Jedes Kind darf sich zwei Bilder aussuchen, die im Laptop in einem Extraordner für die abschließende Präsentation abgespeichert werden.

3. Einheit – Erste Audioaufnahmen
Materialien: Audioaufnahmegeräte, Mikrofone, Kopfhörer, Boxen, Laptop, USB-Kabel

Zu Beginn des Treffens wird erklärt, wie ein Audioaufnahmegerät aufgebaut ist und funktioniert. Ähnlich wie beim Fotoapparat muss es angeschaltet werden, um startbereit für Aufnahmen zu sein. Der nächste wichtige Knopf ist der (meist rote) Aufnahmeknopf, mit dem die Aufnahme beginnt. Im Kreis sitzend können die Kinder das Aufnahmegerät schon einmal ausprobieren. Ein Kind bedient den Aufnahmeknopf und hält das Gerät in der Hand, ein Weiteres hält die Schnur des Mikrofons und das Mikrofon selbst und ein drittes Kind hat die Kopfhörer auf und überprüft, ob die Aufnahme funktioniert, während

---
2   Siehe S. 71 / Fotoprojekte mit kleinen Kindern

noch ein Kind in das Mikrofon spricht (z.B. „Ich heiße ... und mein Lieblingsspielzeug ist ..., weil ..." ➔ Als Hilfe können die Fotos vom letzten Mal dienen. Eventuell müssen die PädagogInnen nachfragen und zum Weitersprechen anregen.). Wenn jeder einmal alles gemacht hat, werden die Aufnahmen angehört, indem kleine Lautsprecherboxen an das Audioaufnahmegerät angeschlossen werden. Die betreuenden PädagogInnen haben hierbei die Regie, können aber auch einzelne Kinder dazuholen, die auch die Tasten bedienen können. Eventuell können einige Kinder ihren Satz noch einmal aufnehmen, wenn sie unzufrieden mit der Aufnahme sind.

Spiel: Geräuscherätsel

Die Kinder teilen sich in zwei Gruppen mit jeweils einer Pädagogin/einem Pädagogen auf. Jede Gruppe zieht los und macht Aufnahmen von alltäglichen Geräuschen im Kindergarten (z.B. Klospülung, Türenquietschen, Knirschen von Schuhen im Sand im Garten etc.). Wenn alle fertig sind, kommen die beiden Gruppen zusammen, die Aufnahmegeräte werden nacheinander an Boxen angeschlossen und eine Gruppe muss immer raten, wo oder wie die Geräusche aufgenommen worden sind. Nach dem Raten überlegen alle noch einmal gemeinsam, wo man außerdem noch Geräusche im Kindergarten aufnehmen könnte und begeben sich auf die Jagd danach. Die schönsten Geräusche werden wieder im Ordner „Präsentation" auf dem Laptop abgespeichert.

4. Einheit – Mediale Erkundung des Kindergartens
Materialien: Fotoapparate, Laptop, USB-Kabel, Beamer, Leinwand oder weiße Wand, vorbereitete Fotos (s.u.), Aufnahmegerät, Kopfhörer, Mikrofon, Audioboxen

Am Anfang sitzen wieder alle zusammen und erinnern sich noch einmal daran, was sie schon über Perspektiven und Formate gelernt haben. Das Wissen wird heute um zwei Punkte erweitert, die wieder anhand folgender vorbereiteter Bilder erklärt werden können:
- eine scharfe und eine unscharfe Aufnahme
- eine Nahaufnahme und eine aus der Ferne

Den Kindern wird anhand der vorbereiteten Bilder erklärt:
- Geht man zu nah an sein Motiv heran, kann es unscharf werden.
- Aufnahmen aus der Ferne geben einen Überblick über die gesamte Situation.
- Mit Nahaufnahmen bildet man immer nur einen kleinen Ausschnitt ab und gibt Betrachtenden die Möglichkeit, etwas ganz genau zu sehen.

Jetzt dürfen die Kinder das Gelernte wieder selbst ausprobieren. Dazu wird erst noch das Aufnahmegerät ausgepackt. Nach einer kurzen Wiederholung der Funktionen und Tasten interviewen sich die Kinder wieder gegenseitig. Jedes Kind soll einmal erzählen, was es im Kindergarten am liebsten macht und wo es sich am liebsten aufhält. Während immer vier Kinder mit den Aufnahmen beschäftigt sind (Mikrofon halten, Aufnahmeknopf drücken, Aufnahmen mit Kopfhörer überprüfen, Sprechen), machen die restlichen Kinder Fotos von den Interviews. Von Nahem, um Details wie einen Mund am Mikrofon oder eine Hand am Aufnahmegerät abzubilden, von Weitem, um die ganze Situation zu dokumentieren.
Am Ende werden die Fotos auf den Laptop übertragen und auf der Leinwand angeschaut und besprochen. Außerdem werden die Aufnahmen angehört. Die Kinder entscheiden wieder, was sie für die Präsentation abspeichern wollen.

5. Einheit – Fotos und Aufnahmen zum Thema Spielen
Materialien: Fotokameras, USB-Kabel, Audioaufnahmegeräte, Boxen, Kopfhörer, Laptop, Beamer, Leinwand oder weiße Wand

Am Anfang gibt es wieder einen Erzählkreis, in dem wiederholt wird, was jetzt schon alles über das Fotografieren und Aufnehmen gelernt wurde. Dann geht die Gruppe gemeinsam auf den Spielplatz bzw. in den Garten, der zur Einrichtung gehört oder an einen allen bekannten Ort. Nun dürfen die Kinder fotografieren, wo sie gern spielen, mit wem und was. Dabei erinnern die begleitenden PädagogInnen immer wieder an die gestalterischen Möglichkeiten, die man beim Fotografieren hat, wie Perspektive, Einstellungsgröße etc. Außerdem erhalten die Kinder die Möglichkeit, auch hier Geräusche aufzunehmen oder andere Kinder zu interviewen (z.B. „Was spielst du denn hier? Was kann man hier noch machen?" etc.).

Im Anschluss treffen sich wieder alle gemeinsam beim Laptop mit Beamer, um das Übertragen der Fotos zu üben und die Bilder gemeinsam zu besprechen. Die schönsten werden wieder ausgesucht und extra für die Präsentation abgespeichert. Auch die Audioaufnahmen werden angehört und ausgewertet. Eventuell können sie im Nachhinein noch durch weitere Aufnahmen ergänzt werden (z.B. „Hier sieht man mich auf der Rutsche, da bin ich so gern, weil ich so schnell rutschen kann.").

Die PädagogInnen sollten daran denken, die Einladungen für die Familien zur Präsentation, die im Anschluss an das sechste und letzte Treffen stattfinden soll, rechtzeitig vorzubereiten und zu verschicken.

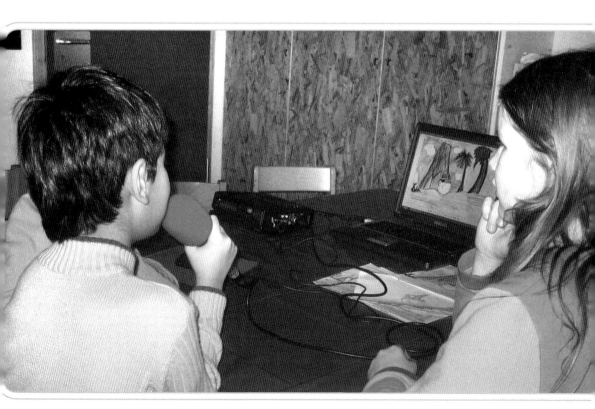

6. Einheit – Vorbereitung der Präsentation
Materialien: entwickelte Bilder, die alle gemeinsam für die Präsentation ausgesucht haben, große Pappen, Klebstoff, Stifte

Beim letzten Treffen wird die Präsentation vorbereitet. Dazu werden die Portraits der Lieblingsspielzeuge und der Kinder auf dem Spielplatz auf je ein Plakat geklebt. Die Dokumentationsbilder von den Interviews bekommen ein Extraplakat.
Die Audioaufnahmen sollten von den PädagogInnen geschnitten und aufbereitet werden (der Dateiname sollte so geändert werden, dass er Aufschluss über das zu Hörende gibt, z.B. „Anna im Interview"). Die Rätselaufnahmen werden natürlich nur mit „Rätsel 1", „Rätsel 2", etc. bezeichnet, damit die Eltern auch mitraten können. Im Idealfall kann das Publikum sich dann über angeschlossene Boxen oder Kopfhörer an zwei Laptopstationen über die auditiven Ergebnisse des Projekts ein Bild machen.
Eine weitere Möglichkeit ist die Verknüpfung der Audio- und Bilddateien in einer Powerpoint-Präsentation. Wer hier Vorkenntnisse hat oder sich damit auseinandersetzen will, hat eine gute Möglichkeit, eine Art „Ton-Dia-Show" mit den Projektergebnissen zu erstellen (z.B. Foto eines Kindes ➔ wenn man darauf klickt, hört man seine Audioaufnahmen oder: Foto eines Ortes ➔ wenn man darauf klickt, hört man das passende Geräusch). Diese Variante erfordert mehr Vorbereitungszeit, kann aber dann sehr unkompliziert allen gemeinsam gezeigt werden, so dass sich das Publikum nicht so schnell in kleine Gruppen aufteilt.
Zwei Kinder werden als ModeratorInnen ausgewählt, die die Aufgabe haben, bei der Eröffnung das Publikum zu begrüßen und zu erklären, was beim Projekt gemacht und gelernt wurde – natürlich nicht ohne Unterstützung durch die Pädagogen. Auch vorbereitete Moderationskärtchen mit Bildern darauf können die ModeratorInnen unterstützen.
Falls man keine Powerpointpräsentation produziert hat, sind von den anderen Kindern immer zwei zusammen für ein Plakat verantwortlich, das sie dem Publikum vorstellen und erklären („Da sieht man uns auf dem Spielplatz – jeder da, wo er am liebsten spielt. Das haben wir im Querformat fotografiert...."). Im Falle der Powerpointpräsentation klickt ein Pädagoge gemeinsam mit einem Kind am Laptop die Präsentation vom Anfang zum Ende. Danach können die Kinder natürlich trotzdem noch vor ihren Plakaten zum Gespräch bereit stehen.
Wenn alles gut vorbereitet und geprobt wurde, kommt die offizielle Eröffnung vor dem geladenen Publikum. Getränke und Knabbereien geben der Präsentation einen schönen Rahmen. Nach der offiziellen Eröffnung durch die ModeratorInnen können sich alle einzeln die Ausstellung oder gemeinsam die Powerpointpräsentation anschauen. Die Kinder erzählen dabei bzw. danach die Geschichten zu ihren Fotos und spielen die Audioaufnahmen vor.

■ Reflexion

Die Verbindung von Audio und Foto erweitert die Kindergartenerkundung, wird dadurch aber auch technisch komplexer. Für Kinder, die bereits ein Fotoprojekt durchgeführt haben, kann dies ein zusätzlicher Anreiz und eine neue Herausforderung sein. Das Aufnehmen von Geräuschen und das gegenseitige Interviewen macht allen Kindern viel Spaß, so dass bei diesem Projekt auch die schüchternen Kinder zu Wort kommen und ihre Geschichten erzählen können.

Kati Struckmeyer

Videoprojekte mit kleinen Kindern – Trickfilm

Die Motivation, einen eigenen Trickfilm zu produzieren, ist schon bei kleinen Kindern sehr hoch, weil sie bereits durch erste Erfahrungen mit dem Medium vertraut sind und ihre Trickfilmhelden aus dem Fernsehen sehr verehren. Besteht nun die Möglichkeit, der Zauberei der bewegten Bilder auf den Grund zu gehen, ist der Forschergeist der Kinder geweckt – wie können wir unsere eigenen Zeichnungen und Basteleien zum Leben erwecken?

Da es für kleine Kinder noch recht schwierig ist, sich dramaturgisch anspruchsvolle Geschichten zu überlegen, sollte man bei der Ideenfindung für den Film an den Alltagserfahrungen der Kinder ansetzen. Der eigene Geburtstag oder Feste wie Weihnachten und Ostern sind Erlebnisse, die Kinder bereits mit bestimmten Ritualen sowie Abläufen verbinden. Sie können durch die Produktion eines Trickfilms aufgegriffen und medial umgesetzt werden.

Projektname: Mein Geburtstag
Inhalt/Untertitel: Trickfilmprojekt mit Kindern von vier bis fünf Jahren
Zeitlicher Umfang: acht Wochen mit einem wöchentlichen Termin à 1,5 Stunden oder zwei Projektwochen mit täglichen Projektterminen à 1,5 Stunden und je einem Tag pro Woche, an dem nicht am Trickfilm gearbeitet wird (beim diesem Modell muss man sich vorher logistisch genau überlegen, wie man das Verschicken der Einladungen in den Zeitplan eintaktet)
Vorkenntnisse: Grundlagen der Trickfilmproduktion
Technik: Eine Videokamera, ein Stativ, ein Laptop, ein Firewire-Kabel zum Anschluss der Kamera an den Laptop, ein Mikrofon mit Anschlussmöglichkeit an den Laptop (kann auch ein Headset sein), Boxen, Beamer und Leinwand für die Abschlusspräsentation, ein Animationsprogramm (z.B. MonkeyJam 3.0 beta ➔ kostenlos) und ein Videoschnittprogramm (z.B. Windows Movie Maker ➔ kostenlos) (die Programme können über Suchmaschinen im Internet gefunden und herunter geladen werden)
Gruppengröße: Im Idealfall fünf Kinder und ein bis zwei PädagogInnen.

■ Pädagogische Zielsetzung

Die Produktion eines Trickfilms stellt eine multimediale Erfahrung für die Kinder dar, in der es Bild und Ton zu kombinieren gilt. Deshalb bietet es sich an, zur Einstimmung in das Projekt mit kleinen Methoden aus den Bereichen „Fotoprojekte mit kleinen Kindern" (siehe S. 69) und „Audioprojekte mit kleinen Kindern" (siehe S. 75) zu arbeiten.

Beim Hauptteil des Projekts steht nicht die aufwändige Produktion im Stil eines kommerziellen Trickfilms im Vordergrund, sondern das Erzählen der Kinder anhand von Bildergeschichten. Ein

solcher Trickfilm lässt den Kindern Raum, eigene Fantasien zu entwickeln und eröffnet ihnen die Möglichkeit, sich beim Basteln der Kulissen künstlerisch zu betätigen.
Die Potenziale des Spracheinsatzes bei Trickfilmprojekten liegen auf verschiedenen Ebenen. Zum einen geht es darum, gemeinsam eine Geschichte zu entwickeln, die die Grundlage des Trickfilms darstellt. Als nächstes werden die verschiedenen Rollen und Aufgaben untereinander aufgeteilt – die Kinder müssen planen, sich absprechen und ihre Rolle im Gruppenprozess finden und eventuell verteidigen. Beim Produzieren sind genaue Absprachen ebenfalls sehr wichtig – wann kann die Aufnahmetaste gedrückt werden, wann sind alle Hände aus dem Bild, welche Kulisse muss schnell noch gebastelt werden? All dies erfordert eine kontinuierliche und präzise Kommunikation der Kinder untereinander, damit schließlich ein gelungenes gemeinsames Produkt entsteht. Abschließend wird der Trickfilm auch vertont, so dass die sprachförderlichen Potenziale, die bei Audioprojekten im Vordergrund stehen, auch hier zum Tragen kommen.

■ Ablauf

1. Einheit – Einführung
Materialien: Fotokamera

Am Anfang sitzen alle im Kreis zusammen und der Pädagoge/die Pädagogin erklärt, was beim Projekt passieren soll – die gemeinsame Produktion eines eigenen Trickfilms. Die Kinder erzählen nacheinander, was sie schon für Trickfilme kennen und was ihnen daran besonders gefällt oder auch nicht.
Dann überlegen alle gemeinsam, worüber sie einen Trickfilm drehen wollen. Passt es zur Jahreszeit, bieten sich Feste wie Weihnachten, Ostern oder Feste aus anderen Religionen an. Die Kinder überlegen sich dann genau, wie so ein Fest abläuft. Z.B.: Ich wache auf, frühstücke mit Mama und Papa, dann versteckt der Osterhase die Eier, dann gehen wir sie suchen, dann spielen wir mit den Eiern und kullern sie die Wiese hinunter, dann essen wir zum Mittagessen ein paar der Eier, dann mache ich Mittagsschlaf, dann spielen wir alle zusammen, dann gibt es Abendbrot und dann gehe ich ins Bett. Wichtig ist, dass die Abläufe chronologisch und für die Kinder gut nachvollziehbar sind, damit sie sie sich über längere Zeit merken können.
Beim Geburtstagsthema, das zu jeder Jahreszeit eingesetzt werden kann, ist es ähnlich: Ich wache auf, meine Eltern singen ein Geburtstagslied, ich gehe in den Kindergarten und bekomme Geschenke und eine Krone, wir essen zusammen, meine Mama holt mich ab, zu Hause bekomme ich auch Geschenke, am Abend kommt meine Oma und wir essen und spielen zusammen und ich gehe wieder ins Bett.
Wenn sich alle über die Geschichte einig sind (der Pädagoge/die Pädagogin sollte in Stichworten mitschreiben), wird ein kleines Drehbuch „fotografiert". Dazu machen die Kinder zu jeder Szene aus dem Film ein Foto (z.B. Puppenbett für Schlafen, Gitarre für Geburtstagslied, Teller und Besteck für Frühstück etc.). Diese Bilder sollten nach dem Entwickeln/Ausdrucken zum nächsten Treffen am besten laminiert werden, denn sie werden bei jedem der folgenden Projekttermine gebraucht.

2. Einheit – Drehbuch und Daumenkino
Materialien: Wäscheleine, Klammern, Fotos vom letzten Mal (am besten laminiert), kopierte Vorlage für das Daumenkino (aus dem Internet oder selbst gestaltet), Bastelmaterialien

Am Anfang sitzen wieder alle im Kreis zusammen und überlegen noch einmal, welche Geschichte sie beim letzten Mal entwickelt haben. Dabei unterstützen die laminierten Fotos, die dazu aufgenommen wurden. Sie können chronologisch von den Kindern an einer Wäscheleine aufgehängt werden, damit alle die Geschichte auch „vor Augen" haben.
Jetzt bekommen die Kinder die Daumenkinovorlagen, die ihnen das Prinzip des Trickfilms verdeutlichen sollen: Ein Film besteht aus vielen Einzelbildern, die so schnell nacheinander ablaufen, dass das Auge „überlistet" wird und sie als Bewegung wahrnimmt. Anhand des Daumenkinos können die Kinder das selbst ausprobieren. Nachdem die Kinder die einzelnen Blätter ausgeschnitten und zusammengeheftet haben, stellen sie fest: Je schneller sie die kleinen Seiten umblättern, umso flüssiger wird die Bewegung, die zu sehen ist.
Dann können die ersten Bastelarbeiten für die Kulissen und Darsteller beginnen – ob aus Knete, Filz oder Papier – möglich ist fast alles. Dabei sollte man auf Folgendes achten: Für kleine Kinder ist es einfacher, die Kulisse aus der „Draufsicht" zu fotografieren – d.h., dass die Videokamera so am Stativ befestigt ist, dass sie auf den Boden zeigt, wo der Hintergrund der Kulisse (Tonpapier A3 oder A2) zu sehen ist, auf dem die Darsteller liegen. Diese Voraussetzung muss man natürlich auch schon beim Basteln und Malen beachten. Außerdem bietet es sich an, die Darsteller so beweglich wie möglich zu basteln, also z.B. mit einzelnen Gliedmaßen, die durch Reißzwecken zusammengehalten werden.

3. und 4. Einheit – Basteln der Kulissen und Audioaufnahmen
Materialien: Wäscheleine und „Drehbuchfotos", Laptop, Mikrofon, Boxen, Bastelmaterialien

Alle Kinder finden sich jeweils zu Anfang der Treffen wieder im Kreis zusammen und wiederholen ihre Geschichte anhand der Fotos, die an der Wäscheleine in die richtige Reihenfolge gebracht werden. Dann geht es weiter mit dem Anfertigen der Kulissen. Außerdem besteht die Möglichkeit, allein oder in sehr kleinen Gruppen mit Unterstützung eines Pädagogen/einer Pädagogin am Computer Geräusche aufzunehmen, die für den Film gebraucht werden (Singen des Geburtstagsliedes, Kerzenauspusten, Frühstücken etc.).

5. und 6. Einheit – Dreharbeiten[1]
Materialien: Filmkamera, Laptop, USB-Kabel, Beamer, Leinwand oder weiße Wand, vorbereitete Fotos (s.u.)

Wenn alle Bastelarbeiten abgeschlossen sind, kann mit den Aufnahmen begonnen werden. Je nachdem, wie die Lichtverhältnisse sind, kann man die Kulissen zusätzlich durch Schreibtischlampen o.ä. erhellen, wobei man stets darauf achten sollte, dass keine Schatten auf dem Bildschirm zu sehen sind (besser indirekte Beleuchtung).
Zuerst baut man die Kamera und das Stativ auf und verbindet die Kamera mit dem Laptop. Die Kamera wird auf Aufnahmemodus gestellt. Dann startet man das Programm MonkeyJam und speichert das Projekt in einem auf dem Desktop neu eingerichteten Ordner ab. Weitere Einstellungen, die noch getätigt werden müssen, bevor die Kinder am Computer sitzen, sind folgende: 15 FPS (d.h.: 15 Bilder werden pro Sekunde aufgenommen) und Image Held 3 (das Programm nimmt dann immer drei Bilder gleichzeitig auf, und da man nach der ersten Einstellung 15 Bilder für eine Sekunde Film braucht, bedeutet das, dass man fünf verschiedene Aufnahmen für eine Sekunde Film machen muss).
Dann wird ein neuer Layer angelegt (Symbol ganz links anklicken: create new exposure sheet) und

[1] Im Anhang findet sich eine ausführliche Anleitung zu den technischen Details der Trickfilmproduktion

der richtige Ordner zum Abspeichern ausgewählt. Jetzt wird das Programm mit dem dritten Symbol von rechts (open video capture window) in den Aufnahmemodus gestellt.
Jetzt können die Kinder ihre Plätze einnehmen: Ein Kind drückt auf „capture" und macht damit die Aufnahme vom Set am Computer und die anderen Kinder verändern das Filmset und die Figuren in ihrem Bewegungsfluss jedes Mal minimal (je kleiner die Veränderungen, umso besser ist am Ende das Ergebnis). Zur Erklärung dieses Prozesses hilft es, noch einmal auf das Daumenkino zu verweisen, bei dem sich das Bild auch jedes Mal etwas verändert und durch das Durchblättern die Bewegung entsteht. Das Durchblättern wäre im Projekt zuerst die Vorschaufunktion (click to render preview: zweites Symbol von rechts) und später der Film, wenn alles fertig ist. Um nach der Preview weiter aufzunehmen, muss unbedingt die Nummerierung der Bilder angepasst und nicht überschrieben werden. Wichtig ist, dass das Kind am Computer immer darauf achtet, dass alle Hände aus dem Bild sind, bevor es auf „capture" drückt. Zur Not kann man diese Bilder zwar auch hinterher herausschneiden, spart sich aber Arbeit, wenn man schon vorher gut darauf achtet. Weiterhin muss man beachten, dass der Hintergrund des Filmsets gut auf dem Tisch oder Boden befestigt ist (z.B. mit Power Stripes), damit er sich während der Aufnahmen nicht verschiebt. Auch die Kamera und das Stativ sollten gut befestigt werden, damit sie nicht verrutschen. Die Rollen können die Kinder untereinander immer mal wieder vertauschen, so dass jeder am Ende mal am Computer gesessen und geklickt hat. Wenn alle Bilder fertig aufgenommen wurden, muss der Film als **.avi**-Datei exportiert werden, damit er im Filmschnittprogramm weiter bearbeitet und vertont werden kann (dazu Symbol ganz rechts klicken: Export Exposure sheet as an AVI Movie). Als Größe sollte dabei DV PAL: 720 x 576 eingestellt werden. Außerdem muss wieder der Projektordner als Speicherort ausgewählt werden. Danach kann MonkeyJam geschlossen werden.

7. Einheit – Schnitt und Nachvertonung
Materialien: Laptop, Boxen, Mikrofon bzw. Headset

Gemeinsam wird das Filmschnittprogramm MovieMaker geöffnet. Man sollte allerdings einige Vorarbeit leisten, da es für kleine Kinder nicht komplett nachvollziehbar ist, wie so ein Videoschnittprogramm funktioniert. Aber damit die Kinder an allen Prozessen beteiligt sind, sollte ihnen zumindest ein kleiner Einblick gewährt werden und sie bei bestimmten Gestaltungsfragen mitentscheiden dürfen (Vorspann, Abspann, Musik).
Spannend, gerade aus der Perspektive der Sprachkompetenzförderung, ist auch die Nachvertonung, d.h., den Figuren im Film eine Stimme zu geben. Das kann man direkt im Schnittprogramm tun. Der Vorteil ist, dass die Kinder während der Aufnahme den Film sehen und direkt dazu sprechen können. Diese Koordination des Sehens und gleichzeitig dazu Sprechens ist eine große Herausforderung, aber es erfüllt die Kinder mit ungemein viel Stolz, wenn ihre Figuren noch lebendiger werden.
Der Pädagoge/ die Pädagogin sollte zu diesem Zeitpunkt auch daran denken, rechtzeitig die Einladungen für die Familien zur Präsentation, die im Anschluss an das achte und letzte Treffen stattfinden soll, vorzubereiten und zu verschicken.

8. Einheit – Vorbereitung der Präsentation und Präsentation vor Publikum
Materialien: Laptop, Beamer, Leinwand oder weiße Wand, eventuell Soundanlage mit Mikrofonen (je nachdem, wie groß das Publikum ist)

Beim letzten Treffen wird die Präsentation vorbereitet. Dazu schauen alle erst einmal gemeinsam den fertigen Film an.

Dann wird die Präsentation für die Eltern vorbereitet. Alle zusammen überlegen, was den Eltern erklärt werden muss: wie ein Trickfilm funktioniert, wer welche Rollen übernommen hat, wo besonders hart gearbeitet wurde etc. Damit die Kinder später vor Aufregung nicht den Text vergessen, können die PädagogInnen einflüsternd im Hintergrund zu Hilfe eilen. Wenn alles geprobt wurde, können Getränke und Knabbereien aufgebaut werden, bevor die offizielle Filmpremiere beginnt.

■ Reflexion

Das Projekt „Mein Geburtstag" ist eine relativ große Herausforderung für kleine Kinder. Um sie im Umgang mit den verschiedenen Medien nicht zu überfordern, sollte es nicht unbedingt das Einstiegsprojekt in die Arbeit mit Medien sein, sondern eher an ein vorangegangenes Projekt (Fotoprojekt, Audioprojekt) anknüpfen. Die Kinder brauchen beim Produzieren eines eigenen Trickfilms viel Hilfe und Unterstützung und können nicht wie bei Foto- oder Audioprojekten auch einige Teile autonom bewerkstelligen.
Aufbauend auf anderen Projekten ist die Trickfilmproduktion jedoch ein stark motivierender Prozess für Kinder. Er beinhaltet zahlreiche Sprech- und Erzählanlässe, fordert eine differenzierte Arbeitsplanung und -teilung und hat seinen Höhepunkt in der Präsentation vor den Eltern, die auch verbal bestritten werden muss. Der erste eigene Trickfilm ist dann der krönende Abschluss des Produktionsprozesses. Die Kinder schauen sich den Film erfahrungsgemäß immer und immer wieder gern und stolz an. Ihre Einstellung und ihre Kritikkompetenz gegenüber professionell produzierten Trickfilmen ändert und verbessert sich durch das eigene Produzieren entscheidend.
Anschließend an das erste Trickfilmprojekt können natürlich weitere Filme geplant und mit der gleichen Gruppe oder anderen Kindern umgesetzt werden.

Kati Struckmeyer

Medienprojekte zur Sprachkompetenzförderung mit Vorschulkindern von fünf bis sechs Jahren

Vorschulkinder haben das Medienspektrum schon in großer Vielfalt entdeckt: Die Lust am Ausprobieren von Medien ist enorm und besonders die Nutzung von Trickfilmsendungen im Fernsehen und von Hörmedien verschiedener Art wird von den Kindern genossen. Erste Schritte am Computer werden (meist noch in Begleitung der Eltern) von vielen Kindern im Alter von fünf bis sechs Jahren schon gewagt: Besonders Edutainment-Software (sogenannte Lernspiele am Computer) ist beliebt bei Groß und Klein, werden doch Wissensinhalte hier meist auf spielerische Weise weitervermittelt. Auch das Internet hat in den letzten Jahren aufgeholt und die Zielgruppe der Vorschulkinder entdeckt. Deshalb können erste Medienprojekte mit dem Computer in diesem Alter schon sinnvoll sein, um die Nutzung der Kinder zu begleiten und in einen pädagogischen Kontext zu setzen. Zu beachten ist hier, dass diese Projekte eine intensive Begleitung benötigen, vor allem weil die Kinder noch nicht genug lesen und schreiben können, um eigenständig am Computer zu arbeiten. Auch im Bereich Video, der in diesem Kapitel auf die Produktion eines Trickfilms ausgerichtet ist, benötigen Kinder viel Unterstützung und sind an manchen Produktionsschritten, z.B. dem Schnitt, eventuell nur partiell beteiligt. Für Medienprojekte spricht trotzdem, dass die von den Kindern erzählten und gestalteten Geschichten durch ihre Präsentation über ein Medium mehr Gewicht erhalten, da sie in einer Form vorgeführt werden können, die den Kindern sonst nur aus professionellen Produktionen bekannt ist.[1] In den Bereichen Foto und Audio wiederum können Kinder nach einer Einführung schon relativ autonom arbeiten, wobei auch auf bestehenden Projekterfahrungen aufgebaut werden kann.

Wie auch bei kleineren Kindern gilt es, die Projekteinheiten spielerisch und abwechslungsreich aufzubauen, um die Kinder nicht zu überfordern und an ihre natürlichen Lernprozesse anzuknüpfen. Es ist darauf zu achten, dass die Kinder Medien als kreatives Werkzeug kennen lernen, mit deren Hilfe sie ihre Geschichten erzählen können. Das Geschichtenerzählen beherrschen Vorschulkinder schon besser als kleine Kinder. Das heißt, es kann jetzt auch mit Stilelementen wie Dramaturgie und Witz gearbeitet werden, und nicht mehr nur chronologisch. Da Vorschulkinder auch schon mehr Erfahrungen mit Medien haben (vor allem konsumtiv), können und sollten Gespräche über Medienhelden, Medienerfahrungen und Mediennutzung immer wieder im Projektkontext initiiert und aufgegriffen werden.

---

1 Vgl.: Lutz, 2005; Anfang, Demmler, Lutz, 2005

Kati Struckmeyer

Fotoprojekte mit Vorschulkindern

Das Medium Foto ist Vorschulkindern meist schon durch das Nutzen der Fotokameras der Eltern vertraut. Manche Kinder sind auch schon selbst stolze Besitzer von eigenen Fotokameras. Außerdem ist es das Medium, mit dem die Kinder weitestgehend autonom arbeiten können. Mit Vorschulkindern kann man in einem Fotoprojekt wunderbar pädagogisch sinnvolle Themen bearbeiten. So bietet sich z.B. das Thema Ernährung an, um den Kindern mit ihren Fotokameras eine neue Perspektive auf solch ein alltägliches Thema zu ermöglichen.

Projektname: Guten Appetit
Inhalt/Untertitel: Fotoprojekt mit Vorschulkindern von fünf bis sieben Jahren
Zeitlicher Umfang: 4 Wochen mit einem wöchentlichen Termin à 1,5 Stunden oder eine Projektwoche mit täglichen Projektterminen à 1,5 Stunden und einem Tag „Pause" (beim diesem Modell muss man sich vorher logistisch genau überlegen, wie man das Entwickeln der Fotos und das Verschicken der Einladungen in den Zeitplan eintaktet)
Vorkenntnisse: Technische und ästhetische Grundlagen der Fotografie
Technik: Zwei Fotokameras, Laptop, wenn möglich Beamer und Leinwand zum Betrachten der Fotos
Gruppengröße: Im Idealfall zehn Kinder und zwei PädagogInnen, wenn dieser Betreuungsschlüssel nicht möglich ist, funktioniert das Projekt auch mit mehr Kindern, wobei bei Medienprojekten ganz besonders die individuelle Begleitung der Kinder nötig ist, die nur mit einem kleinen Betreuungsschlüssel gewährleistet werden kann.

■ Pädagogische Zielsetzung

Die Kinder sollen in diesem Projekt auf verschiedene Facetten des Themengebiets Ernährung aufmerksam gemacht werden, diese reflektieren und anschließend ihre Ideen fotografisch ausdrücken. Dabei ist es wichtig, das Interesse und die Lust an einer Auseinandersetzung mit dem Thema altersgemäß zu vermitteln. Darüber hinaus lernen die Kinder den technischen Umgang mit dem Fotoapparat. Die Übertragung der Bilder auf den Laptop per USB-Kabel kann von Vorschulkindern schon großteils selbstständig durchgeführt werden. Der Prozess der Medienkompetenzförderung beinhaltet neben technischem Wissen natürlich auch Grundlagen der Fotoästhetik wie Perspektive, Einstellungsgröße und Format.

■ Ablauf

1. Einheit – Einführung
Materialien: Fotokameras, Laptop, USB-Kabel

Die PädagogInnen erklären, dass heute der Start des Fotoprojekts „Guten Appetit" ist, bei dem es darum geht, Fotos zum Thema Ernährung zu machen, die am Ende in einer kleinen Ausstellung präsentiert werden. In diesem Gespräch können die Kinder auch angeregt werden, zu erzählen, was sie besonders gern essen und warum, mit wem und wann sie essen und zu welchen Festen es besonderes Essen gibt. Diese Geschichten vermitteln sowohl Wissen aus verschiedenen Kulturen und deren Bräuchen, als auch persönliche Gewohnheiten, die reflektiert werden können.
Es folgt eine Erklärung der wichtigsten Bestandteile eines digitalen Fotoapparates, der dabei gezeigt und herumgegeben wird.[1]

Spiel: Der lebende Fotoapparat[2]

Am Ende des ersten Treffens werden gemeinsam Ideen gesammelt, wie man das Thema „Guten Appetit" in Fotos umsetzen könnte – z.B. gemeinsam Kochen oder Backen, ein Frühstücksbuffet, thematische Anordnung von Lebensmitteln in Stillleben etc.

2. Einheit – Erste fotografische Experimente
Materialien: Fotoapparate, Laptop, USB-Kabel, Beamer, Leinwand oder weiße Wand

Am Anfang sitzen wieder alle zusammen und überlegen noch einmal, was sie beim letzten Mal schon über den Fotoapparat gelernt haben. Dabei wird wieder am Fotoapparat gezeigt und ausprobiert. Dann werden einige Grundlagen der Fotoästhetik und der Bildgestaltung erklärt.[3]

Jetzt dürfen die Kinder das Gelernte selbst ausprobieren. In Gruppen aufgeteilt oder gemeinsam setzen die Kinder mit einer Pädagogin/einem Pädagogen eine der beim letzten Mal gesammelten Ideen um (eventuell müssen Vorbereitungen für das gemeinsame Kochen und Backen oder ein Buffet getroffen werden). Am Ende des Treffens werden die Fotos von den Kameras auf den Laptop übertragen, der an einen Beamer angeschlossen ist. Jetzt können die Fotos ganz in Ruhe betrachtet, beschrieben und ausgewertet werden. Und jedes Kind darf sich zwei Bilder von sich aussuchen, die im Laptop in einem Extraordner für die abschließende Ausstellung abgespeichert werden.

3. Einheit – Stillleben fotografieren
Materialien: Fotoapparate, Laptop, USB-Kabel, Beamer, Leinwand oder weiße Wand, Ausdruck eines Stilllebens eines Alten Meisters

Am Anfang sitzen alle zusammen und überlegen gemeinsam, was ein Stillleben ist. Ein Stillleben ist ein Bild von kleineren unbewegten Dingen wie z.B. Obst oder Keksen, die meist extra dafür arrangiert wurden. Früher wurden solche Zusammenstellungen gern von Künstlern gemacht, um sie dann zu malen (hier könnte man ein altes Bild, z.B. den Früchtekorb von Caravaggio, zeigen). Wichtig ist es, dass die Dinge, die auf dem Stillleben zu sehen sind, ein bestimmtes Thema haben

---

1   Siehe S. 70 im Kapitel Medienprojekte mit Kleinkindern/Fotoprojekte
2   Siehe S. 70 im Kapitel Medienprojekte mit Kleinkindern/Fotoprojekte
3   Siehe S. 71 im Kapitel Medienprojekte mit Kleinkindern/Fotoprojekte

oder irgendwie zusammengehören – das kann sich z.B. auch durch ihre Farbe auszeichnen. Alle überlegen gemeinsam oder in Gruppen aufgeteilt, welche Stillleben man fotografieren könnte, und jedes Kind sammelt sich seine Sachen dafür zusammen: z.B. verschiedene Äpfel, Milchprodukte, rot verpackte Lebensmittel, Schokolinsen in einer lustigen Form gelegt, Buchstabenkekse als Wortgruppe arrangiert u.v.m. Wichtig ist es, dass die Kinder nah genug mit den Fotoapparaten herangehen, um nichts Unnötiges auf ihrem Foto abzubilden und weit genug weg vom Motiv sind, damit es nicht unscharf wird – das bedarf einiges Ausprobierens. Am Ende des Treffens werden die Fotos wieder von den Kameras auf den Laptop übertragen, der an einen Beamer angeschlossen ist. Jetzt können die Fotos ganz in Ruhe betrachtet, beschrieben und ausgewertet werden. Und jedes Kind darf sich ein Stillleben aussuchen, das im Laptop in einem Extraordner für die abschließende Ausstellung abgespeichert wird.

Nach diesem Treffen sollte der Pädagoge/die Pädagogin die Bilder entweder bei einem Drogeriemarkt oder Fotografen entwickeln lassen oder sie selbst auf Fotopapier ausdrucken. Besonders die Stillleben sollten groß entwickelt werden, damit sie richtig zur Geltung kommen. Falls zur Abschlusspräsentation auch Eltern und Geschwister eingeladen werden, sollten auch die Einladungen spätestens jetzt verteilt werden. Die Einladungen könnten z.B. auf die Rückseiten ausgedruckter Fotos der Kinder geschrieben werden, als kleiner „Vorgeschmack" auf die Ausstellung.

4. Einheit – Vorbereitung der Ausstellung
Materialien: entwickelte Bilder, die für die Ausstellung ausgesucht wurden, große Pappen, Klebstoff, Stifte

Beim letzten Treffen wird die Ausstellung vorbereitet. Dazu werden die Stillleben, die Bilder vom gemeinsamen Kochen oder Backen und sonstige Bilder auf je ein Plakat geklebt.
Die Kinder teilen sich alle zusammen die Aufgabe der Moderierenden, die die Aufgabe haben, bei der Ausstellungs-Eröffnung das Publikum zu begrüßen und zu erklären, was beim Projekt gemacht und gelernt wurde – natürlich mit dezenter Unterstützung durchdie Betreuenden.
Wenn alles gut vorbereitet und geprobt wurde, kommt die offizielle Eröffnung vor dem geladenen Publikum. Getränke und Knabbereien (eventuell auch in Bezug auf die Lebensmittel, die beim Projekt fotografiert wurden) geben der Vernissage einen schönen Rahmen. Nach der offiziellen Eröffnung durch die Kinder können sich alle in Ruhe die Ausstellung anschauen und die FotografInnen erzählen die Geschichten zu ihren Fotos.

■ Reflexion

Das Projekt „Guten Appetit" kann auch unter einem anderen Motto durchgeführt werden – Bewegung, Gesundheit, Entspannung, Umwelt – der Vielfalt an zu bearbeitenden Themen sind kaum Grenzen gesetzt. Diese Form von Projekten beinhaltet zahlreiche Sprech- und Erzählanlässe, sowohl inhaltlich bezogen auf das Thema, als auch bei der Bildbeschreibung und -kritik. Darüber hinaus lernen die Kinder gerade beim Thema Ernährung viel über Feste und Bräuche aus anderen Kulturen, die ja meist mit Essen verbunden sind und zu denen es unzählige Geschichten zu erzählen gibt.

Klaus Lutz

Audioprojekte mit Vorschulkindern

Das erste Medium, das Kinder nach den Bilderbüchern selbständig nutzen dürfen, ist meist der Kassettenrecorder oder der CD-Player. Es gibt eine Vielzahl von kindgerechten Hörgeschichten, die sich bei Jungen wie Mädchen einer großen Beliebtheit erfreuen. Dazu kommt, dass das Aufnehmen der eigenen Stimme mit einfachen Geräten schon selbst bewerkstelligt werden kann und dies Kindern meist auch großen Spaß macht. Im Gegensatz zu Video- oder Multimediaprojekten sind Audioprojekte durch die Konzentration auf die Sprachebene sehr gut für diese Altersgruppe geeignet. Schon Kindergartenkinder sind in der Lage, Geschichten verbal mitzuteilen. Das Aufzeichnen dieser Geschichten bietet für die Kinder die Möglichkeit, ihre Gedanken zu speichern und sie somit immer wieder abzurufen oder anderen vorzuspielen.

Die Technik ist einfach zu bedienen und für den Anfang ist es völlig ausreichend, Hörprodukte ohne Nachbearbeitung zu erstellen, d.h. ohne Montage der O-Töne und Nachvertonung durch Geräusche oder Musik. Die Wirkung, die das Hörspiel auf den Hörer hat, ist aber durch den Einsatz von Geräuschen und Musik ungleich höher.

> **Projektname:** Der Drache Feuerzahn
> **Inhalt/Untertitel:** Hörspielwerkstatt mit Kindern im Vorschulalter
> **Zeitlicher Umfang:** 6 Termine à 2 Stunden
> **Vorkenntnisse:** Grundlagen der Audioarbeit
> **Technik:** Digitale Fotokamera, zwei Audioaufnahmegeräte, zwei Laptops, Aktivboxen, Beamer
> **Gruppengröße:** Im Idealfall 6 bis 8 Kinder und zwei PädagogInnen.

■ Pädagogische Zielsetzung

Lange Zeit wurden Geschichten und wichtige Ereignisse nicht schriftlich an die nächste Generation weitergegeben, die Überlieferung fand vielmehr in mündlicher Form statt. Die Erstellung von Hörspielen greift diese Tradition des „Geschichtenerzählens" wieder auf und erweitert sie um die Möglichkeiten der Montage und des dramaturgischen Einsatzes von Geräuschen und Musik.

Da die meisten Kinder mit dieser Erzählform durch das Hören von professionellen Hörspielen vertraut sind, lassen sie sich leicht für eine solche Arbeit begeistern. Es macht Kindern nicht nur Freude, selbst auditive Produkte zu erstellen, sie sind auch bereit, sich intensiv mit Themen zu befassen. Die starke Motivation lässt nicht selten die vorhandenen Sprachdefizite in den Hintergrund treten. Die aktive Medienarbeit mit Audio fördert spielerisch neben der Sprachkompetenz auch Fähigkeiten wie Medienkompetenz, soziale Kompetenz und ästhetisch-kulturelle Kompetenzen. Wichtige Ziele sind hierbei auch, dass bei den vorhandenen Kompetenzen der Kinder angesetzt wird, nämlich der Fähigkeit, Geschichten zu erfinden und zu erzählen, und dass die Medien von den Kindern zuallererst als „Speichermedium", aber auch als Gestaltungsmittel erlebt werden.

■ Ablauf

1. Einheit
Material: Zwei Audioaufnahmegeräte, zwei Mikrofone, zwei Laptops

Um den Kindern eine erste Vorstellung von der Entstehung eines Hörspiels zu geben, bietet es sich an, ihnen eine Geschichte vorzulesen, bei der sie die dazugehörigen Geräusche selbst erzeugen können. Dies kann auch in einer größeren Gruppe geschehen und – wenn Bedarf besteht – das Ergebnis kann auch gleich live mitgeschnitten werden. Der nachfolgende Text wurde speziell für diese Methode geschrieben; es können aber z.B. auch Texte von Bilderbüchern verwendet werden.

Das Gespenst Heulboje
Es war einmal eine kleine Gespensterfrau, die war selbst für ein Gespenst sehr klein – also etwa so.... aber sehr klug und todschick: blaues Kleid, kirschrote hochhackige Schuhe und den dazu passenden Lippenstift. Das sah toll aus zu ihrem weißen Gesicht.
Sie hieß Heulboje, denn sie konnte ganz unterschiedliche Heulgeräusche machen.

> **Geräusche:**
> Sie konnte heulen wie ein Wolf.
> Sie konnte wimmern wie ein Hündchen.
> Sie konnte stöhnen und ächzen wie eine alte Tür.
> Sie konnte kreischen wie eine ganze Kindergartengruppe.

Sie war überhaupt ein sehr patentes Gespenst. Deshalb hatte sie einen Job als Journalistin bei der Gespensterzeitung.
Die meisten Gespenster schlafen ja den lieben langen Tag.

> **Geräusch:**
> Wie hören sich schlafende Gespenster an?

Wenn sie abends aufwachen, lesen sie die Gespensterzeitung. Denn sie wollen ja wissen, was los ist in der Stadt, z.B.: wie ihre Lieblingsmannschaft gespielt hat und wo es sich momentan am besten spukt. Heulboje machte ihren Job echt gerne. Aber sie kam morgens nicht aus dem Bett!!! Ihre Freunde schenkten ihr deshalb einen neuen Wecker, der so laut war, dass auch Heulboje aufwachte.

> **Geräusch:**
> Weckerklingeln (noch lauter!)

Endlich einmal wachte Heulboje auf. Sie stand auf und machte sich ein Gespensterfrühstück: Spinnwebenmüsli und eine Tasse Wurzel-Tee. Endlich machte sie sich an die Arbeit. Heute sollte sie einen Bericht über ein Fußballspiel schreiben.

Sie holte ihren Flugbesen aus dem Schrank und flog mit lautem Getöse los.

> **Geräusch:**
> Lautes Fluggeräusch

Es war starker Wind und Heulboje kam nur langsam voran.

> **Geräusch:**
> Der Wind bläst immer kräftiger und kräftiger.

Endlich hatte sie das Stadion erreicht und landete auf dem Dach der Haupttribüne. Von dort hatte sie den besten Überblick über das Spielfeld. Die Mannschaften waren schon auf dem Platz und der Schiedsrichter pfiff das Spiel an.

> **Geräusch:**
> Pfeifen

Gleich nach zwei Minuten fiel das erste Tor für die Mannschaft in rot.

> **Geräusch:**
> Die Fans der roten Mannschaft rufen: Toooooor!!!

Dann passierte eine Zeitlang nichts Spannendes auf dem Spielfeld und Heulboje fielen die Augen zu und sie fing ganz laut an zu …

> **Geräusch:**
> Schnarchen

Erst kurz vor Schluss wachte sie wieder auf, als die Fans der grünen Mannschaft lautstark einen Elfmeter forderten.

> **Geräusch:**
> Der Schiedsrichter pfiff dreimal und zeigte auf den Elfmeterpunkt.
> Ein Spieler der grünen Mannschaft lief an, und die Fans riefen: Tooooor.
> Die Fans der grünen Mannschaft freuten sich und trampelten mit den Füßen.

Das Spiel war aus. Heulboje war vom Schützen des Elfmeters sehr beeindruckt. Was für ein Talent! Sie dachte sich: „Über den werde ich heute Abend einen Artikel schreiben. Den bringe ich in der Gespensterzeitung ganz groß raus." Nix wie nach Hause. Also programmierte sie ihren Gespenster-Flug-Computer. Denn auch ein Gespenst muss auf Flughöhe, Weg und Ziel achten.

> **Geräusche:**
> Heulboje ist beeindruckt: WOWWWW!
> schnaubt wie ein Pferd
> und rauscht los

Als am Abend alle anderen Gespenster aufstanden und die neue Gespensterzeitung lasen, war Heulboje an ihrem Schreibtisch eingeschlafen und träumte davon, dass ihr Wecker mal wieder vergaß sie aufzuwecken. Das wäre gar nicht so schlecht, damit sie ausschlafen und dann endlich wieder einmal in der Nacht so richtig spuken konnte.

2. Einheit
Material: Hörspiele, Schreibmaterialien

Bevor man nun mit den Kindern beginnt, an der eigentlichen Geschichte zu arbeiten, empfiehlt es sich, mit ihnen Ausschnitte aus bekannten Hörspielen anzuhören, um so ein Gefühl für Dramaturgie und Vertonung zu bekommen. Nun gilt es, mit den Kindern die Geschichte zu erarbeiten. Als hilfreich hat sich für den Prozess des Geschichtenentwickelns herausgestellt, bestimmte Vorgaben zu machen, beispielsweise, dass in der Geschichte ein Auto und ein Hund eine Rolle spielen sollten. Erfahrungsgemäß fällt es den Kindern dann leichter, sich eine Geschichte auszudenken. Die betreuende Person sollte durch Nachfragen auf eventuelle Brüche in der Geschichte aufmerksam machen und zur Hinführung auf einen dramaturgischen Höhepunkt achten. Die Projektleitung sollte die Geschichte zum Schluss noch einmal zusammenfassen und schriftlich fixieren.

3. Einheit
Material: zwei Audioaufnahmegeräte, zwei Mikrofone, zwei Laptops

In der dritten Einheit wird zunächst den Kindern ihre Geschichte noch einmal vorgetragen; dabei können eventuelle Änderungswünsche umgesetzt werden. Die Kinder sollten sich nun verständigen, wer welchen Teil der Geschichte malen möchte. Die Bilder helfen dann anschließend, die Geschichte mit den Kindern vor dem Mikrofon zu entwickeln. Als dritten Schritt entwickeln die Kinder nun anhand der Bilder im freien szenischen Spiel die Geschichte und sprechen sie direkt in die aufgestellten Mikros. Die Betreuungsperson führt dabei Regie. Es ist darauf zu achten, dass der Spielfluss nicht zu häufig unterbrochen wird. Lieber lässt man eine gespielte Szene nochmals wiederholen, als zu viel in das Spiel der Kinder einzugreifen.

4. Einheit
Material: zwei Laptops

Die Aufnahmen werden nun den Kindern vorgespielt und man entscheidet gemeinsam, welche Stellen herausgeschnitten werden sollten. Dabei können nach einer kurzen Einführung verschiedene Kinder die Schnittsoftware am Computer selbständig bedienen. Nach Fertigstellung des Rohschnitts steht nun die Entscheidung an, welche Geräusche für die Geschichte benötigt werden. Die Kinder erhalten den Auftrag, zum nächsten Treffen Instrumente und Werkzeuge zum Geräusche-Produzieren mitzubringen.

5. Einheit
Material: zwei Audioaufnahmegeräte, zwei Laptops, Instrumente, Werkzeuge, die Geräusche machen können

Nachdem die Geräusche festgelegt wurden, werden diese einzeln aufgezeichnet. Wenn z.B. in der Geschichte ein Frosch in das Wasser springt, kann man verschiedene Gegenstände in eine Wanne mit Wasser fallen lassen bis das gewünschte Geräusch annähernd erreicht ist. Sind alle Geräusche aufgenommen, müssen sie noch an der richtigen Stelle der Geschichte eingefügt werden. Als Abspann empfiehlt es sich, dass die Kinder ihre Namen mit dem Aufnahmegerät aufzeichnen und an das Ende der Geschichte stellen. Wenn die Kinder Lust haben, können sie auch noch ein gemeinsames Lied singen, das den Ausklang des Hörspiels bildet.

6. Einheit
Material: Digitale Fotokamera, Laptop, Aktivboxen, Beamer

Am Ende eines jeden medienpädagogischen Projekts steht die feierliche Premiere. Hierzu sollten möglichst viele Freunde, Bekannte und Verwandte eingeladen werden. Vor allem die örtliche Presse sollte dabei nicht vergessen werden. Gerade Medienprodukte, die von Kindern erstellt wurden, eignen sich sehr gut für die Öffentlichkeitsarbeit. Vor allem aber sollten alle beteiligten Kinder ihr Hörspiel auf einer CD erhalten. Darüber hinaus besteht im Rahmen der Premiere die Möglichkeit, CDs zum Selbstkostenpreis oder gegen Spenden anzubieten.

■ Reflexion

Wenngleich der technische Aufwand bei der Erstellung eines Hörspiels weit geringer als bei der Multimediaarbeit oder der Videoarbeit ausfällt, ist dennoch auch bei der Audioarbeit einiges an Anleitung und Hilfestellung notwendig. Reduziert man den Anspruch an das Produkt allerdings stark, so lassen sich z.B. durch das Mitschneiden im Erzählkreis mit anschließendem Anhören ohne Nachbearbeitung schnell erste Erfolge erzielen. Dennoch sollte man die Anstrengung nicht scheuen, ein eigenes Hörspiel mit Kindern zu erstellen, denn darin liegen immense Potenziale zur Sprachförderung. In einer vertrauten Umgebung lassen sich Kinder gut dazu motivieren, Geschichten aus ihrem Alltag zu erzählen. Diese einzelnen Ideen zu einem Hörspiel zusammenzuführen, macht ihnen viel Freude und vor allem bildungsferne Kinder spüren so zum ersten Mal, dass das, was sie sagen, wichtig ist und sie trotz ihrer sprachlichen Defizite auch Gehör finden. Dies spornt an zu mehr und lässt die Kinder erfahren, welch mächtiges Werkzeug die Sprache darstellt.

Kati Struckmeyer

Videoprojekte mit Vorschulkindern – Trickfilm

Für Vorschulkinder sind Trickfilmhelden besonders wichtig, schauen sie sich doch so oft wie möglich die Abenteuer ihrer liebsten Trickfilmfiguren im Fernsehen, auf DVD oder im Internet an.

Da sie dort viele Filme nur passiv erleben, bietet sich ein eigenes Trickfilmprojekt nicht nur an, um hinter die Zauberei der bewegten Bilder zu schauen, sondern auch, um Medienerlebnisse und -erfahrungen zu thematisieren und neu zu bearbeiten. Deshalb steht im Zentrum des hier vorgestellten Projekts die Auseinandersetzung mit einem bestimmten Trickfilmhelden und seine Neubearbeitung in einem eigenen Abenteuer.

Projektname: Trickfilmhelden
Inhalt/Untertitel: Trickfilmprojekt mit Vorschulkindern von fünf bis sechs Jahren
Zeitlicher Umfang: acht Wochen mit einem wöchentlichen Termin à 1,5 Stunden oder zwei Projektwochen mit täglichen Projektterminen à 1,5 Stunden und je einem Tag pro Woche, an dem nicht am Trickfilm gearbeitet wird (bei diesem Modell muss man sich vorher logistisch genau überlegen, wie man das Verschicken der Einladungen zur Abschlusspräsentation in den Zeitplan eintaktet).
Vorkenntnisse: Grundlagen der Trickfilmproduktion
Technik: Eine Videokamera, ein Stativ, ein Laptop, ein Firewire-Kabel zum Anschluss der Kamera an den Laptop, ein Mikrofon mit Anschlussmöglichkeit an den Laptop (kann auch ein Headset sein), Boxen, Beamer und Leinwand für die Abschlusspräsentation, ein Animationsprogramm (z.B. MonkeyJam 3.0 beta ➜ kostenlos) und ein Videoschnittprogramm (z.B. Windows Movie Maker ➜ kostenlos). Die Programme können über Suchmaschinen im Internet gefunden und herunter geladen werden.
Gruppengröße: Im Idealfall fünf Kinder und ein bis zwei PädagogInnen.

■ Pädagogische Zielsetzung

Der Ansatz des Projekts „Trickfilmhelden" ist ganzheitlich und die Themen sind den lebensweltlichen und medialen Erfahrungsfeldern der Kinder angepasst, so dass alle Kinder schnell einen Zugang und sprachliche Anknüpfungspunkte finden. Wie bereits im Artikel „Trickfilmprojekte mit kleinen Kindern" erwähnt, bietet es sich an, zur Einstimmung in das Projekt mit kleinen Methoden aus den Bereichen Fotoprojekte und Audioprojekte zu arbeiten. Dadurch werden die Kinder auf die multimediale Kombination von Bild und Ton eingestimmt.

Zunächst steht das Erzählen der Kinder von eigenen Medienerfahrungen im Vordergrund. Hier liegt auch der Anreiz zum Geschichten erzählen – welche Helden mag man besonders und warum, an welche Abenteuer dieses Helden kann man sich noch erinnern u.s.w. Im Anschluss daran gilt es dann, ein eigenes Abenteuer zu entwickeln, in dessen Zentrum ein gemeinsamer Trickfilmheld steht, auf den sich vorher alle Kinder demokratisch einigen mussten. Diese Neubearbeitung und -verarbeitung von Medienhelden und -erlebnissen stellt eine große sprachliche Herausforderung für Kinder dar, die jedoch mit einem eigenen Trickfilm belohnt wird.

■ Ablauf

1. Einheit – Einführung
Materialien: Fotokamera

Am Anfang sitzen alle im Kreis zusammen und der Pädagoge/die Pädagogin erklärt, was beim Projekt passieren soll: die gemeinsame Produktion eines eigenen Trickfilms mit einem gemeinsamen Trickfilmhelden aus Film und Fernsehen als Star. Die Kinder erzählen nacheinander, was sie schon für Trickfilme kennen und was ihnen daran besonders gefällt oder auch nicht.
Dann müssen sich die Kinder auf einen Helden einigen – jedes Kind kann Vorschläge machen, die es auch begründen und dafür werben muss. Am Ende wird demokratisch abgestimmt, wobei darauf geachtet werden sollte, dass niemand einen Trickfilm über einen ihm absolut unsympathischen Helden produzieren muss. Falls es da starke Differenzen innerhalb der Gruppe gibt, kann man vielleicht noch Kompromisse ausarbeiten, indem z.B. ein anderer Held eine Nebenrolle bekommt o.ä.
Dann überlegen alle gemeinsam, wie sie diesen Helden neu in Szene setzen könnten. Dazu kann man einerseits über bereits bekannte Abenteuer sprechen, aber auch seinen Ideen freien Lauf lassen, so dass etwas völlig Unerwartetes passiert.
Wenn sich alle über die Geschichte einig sind (der Pädagoge/die Pädagogin sollte in Stichworten mitschreiben), wird ein kleines Drehbuch „fotografiert". Dazu machen die Kinder zu jeder Szene aus dem geplanten Film ein Foto (die Situation muss darauf nicht komplett nachgestellt werden, es reicht, wenn Gegenstände fotografiert werden, die in der Szene vorkommen oder eine Rolle spielen, z.B. Bett für Schlafen, Gabel für Essen etc.). Diese Bilder sollten nach dem Entwickeln/Ausdrucken zum nächsten Treffen am Besten laminiert werden, denn sie werden bei jedem der folgenden Projekttermine gebraucht.

2. Einheit – Drehbuch und Daumenkino
Materialien: Wäscheleine, Klammern, Fotos vom letzten Mal (am Besten laminiert), kopierte Vorlage für Daumenkino (aus dem Internet oder selbst gestaltet), Bastelmaterialien

Am Anfang sitzen wieder alle im Kreis zusammen und überlegen noch einmal, welche Geschichte sie beim letzten Mal entwickelt haben. Dabei unterstützen die laminierten Fotos, die dazu aufgenommen wurden. Sie können chronologisch von den Kindern an einer Wäscheleine aufgehängt werden, damit alle die Geschichte auch „vor Augen" haben.

Jetzt bekommen die Kinder die Daumenkinovorlagen zum Basteln, die ihnen das Prinzip des Trickfilms verdeutlichen sollen.[1]
Dann können die ersten Bastelarbeiten für den Trickfilmhelden, Nebendarsteller und die Kulisse beginnen – ob aus Knete, Filz oder Papier – möglich ist fast alles.

3. und 4. Einheit – Basteln der Kulissen und Audioaufnahmen
Materialien: Wäscheleine und „Drehbuchfotos", Laptop, Mikrofon, Boxen, Bastelmaterialien

Alle Kinder finden sich jeweils zu Anfang der Treffen wieder im Kreis zusammen und wiederholen ihre Geschichte anhand der Fotos, die an der Wäscheleine in die richtige Reihenfolge gebracht werden.
Dann geht es weiter mit dem Anfertigen der Kulissen. Außerdem besteht die Möglichkeit, allein oder in sehr kleinen Gruppen mit Unterstützung eines Pädagogen/einer Pädagogin am Computer Geräusche aufzunehmen, die für den Film gebraucht werden (Füßetrappeln, Atmen, Lachen, Beifall etc.)

5. und 6. Einheit – Dreharbeiten
Materialien: Filmkamera, Laptop, USB-Kabel, Beamer, Leinwand oder weiße Wand, vorbereitete Fotos (s.u.)

Wenn alle Bastelarbeiten abgeschlossen sind, kann mit den Aufnahmen begonnen werden.[2]

7. Einheit – Schnitt und Nachvertonung
Materialien: Laptop, Boxen, Mikrofon bzw. Headset

Gemeinsam wird das Filmschnittprogramm MovieMaker geöffnet. Man sollte allerdings einige Vorarbeit leisten, da es auch für Vorschulkinder nicht komplett nachvollziehbar ist, wie so ein Videoschnittprogramm funktioniert. Aber damit die Kinder an allen Prozessen beteiligt sind, sollte ihnen zumindest einen kleiner Einblick gewährt werden und sie bei bestimmten Gestaltungsfragen mitentscheiden dürfen (Vorspann, Abspann, Musik).
Eine Anleitung zum Schneiden mit MovieMaker findet sich im Anhang dieses Buches.
Spannend, gerade aus der Perspektive der Sprachkompetenzförderung, ist auch die Nachvertonung, d.h., den Figuren im Film eine Stimme zu geben. Das kann man direkt im Schnittprogramm tun. Der Vorteil ist, dass die Kinder während der Aufnahme den Film sehen und direkt dazu sprechen können. Diese Koordination des Sehens und gleichzeitig dazu Sprechens ist eine große Herausforderung. Es erfüllt die Kinder jedoch mit ungemein viel Stolz, wenn ihre Figuren lebendig werden.
Der Pädagoge/ die Pädagogin sollte zu diesem Zeitpunkt auch daran denken, die Einladungen für die Familien zur Präsentation, die im Anschluss an das achte und letzte Treffen stattfinden soll,

---

1 Siehe Kapitel: Trickfilm mit kleinen Kindern (S. 83)
2 Siehe Kapitel: Trickfilm mit kleinen Kindern (S. 82 ff.)

vorzubereiten und rechtzeitig zu verschicken. Schön ist es, wenn die Kinder diese Einladungen selbst gestalten, z.B. mit bearbeiteten Fotos im Comicstil (Programm „Comic life" kann kostenlos aus dem Internet herunter geladen werden).

8. Einheit – Vorbereitung der Präsentation und Präsentation vor Publikum
Materialien: Laptop, Beamer, Leinwand oder weiße Wand, eventuell Soundanlage mit Mikrofonen (je nachdem, wie groß das Publikum ist)
Beim letzten Treffen wird die Präsentation vorbereitet. Dazu schauen alle erst einmal gemeinsam den fertigen Film an.
Dann teilen sich alle Kinder als ModeratorInnen untereinander auf, was gesagt werden soll: Wie der Film produziert wurde, wer welche Rollen übernommen hat, was besonders schwierig oder lustig war etc. Nachdem der Text eingeübt wurde (mit Unterstützung von kleinen Zetteln oder Einflüstern), kann die offizielle Filmpremiere vor Publikum losgehen.

■ Reflexion

Das Projekt „Trickfilmhelden" eignet sich als Aufbauprojekt, nachdem bereits ein Foto- oder Audioprojekt durchgeführt wurde. Die Kinder brauchen beim Produzieren eines eigenen Trickfilms viel Hilfe und Unterstützung und können nicht wie bei Foto- oder Audioprojekten auch einige Teile autonom bewerkstelligen.

Das „Entzaubern" der bewegten Bilder und der Blick hinter die Kulissen der aufwändigen Trickfilmproduktion sind jedoch für Kinder stark motivierend. Das Schaffen von neuen Geschichten um eine bekannte Figur, von der man schon viele Geschichten gesehen und miterlebt hat, stellt dabei die besondere Herausforderung dar. Wenn bei den Kindern großes Interesse besteht, kann man auch eine eigene kleine Trickfilmserie produzieren und zum gemeinsamen Trickfilmhelden noch mehr Abenteuer erfinden und bearbeiten.

Klaus Lutz

Multimediaprojekte mit Vorschulkindern

Die selbstständige Nutzung des Computers in dieser Altersgruppe ist aufgrund der fehlenden Lesefähigkeit der Kinder und der Komplexität der Nutzungsmöglichkeiten schwierig. Dabei gibt es mittlerweile schon ein reichhaltiges Softwareangebot, das aufgrund seiner grafischen Benutzeroberfläche auch von Kindern, die noch nicht lesen können, leicht zu bedienen ist. Softwareangebote wie „Löwenzahn" oder die „Sendung mit der Maus" ermöglichen den Kindern zwar schon im Vorschulalter eine selbstständige Nutzung, aber sie degradieren den Computer doch zu einem Automaten, der nur in engen Grenzen kreative Nutzung ermöglicht. Ein weitaus breiteres Nutzungsspektrum ergibt sich, wenn man den Computer und seine Möglichkeiten in vorhandene Projekte integriert. So bieten Präsentationprogramme wie beispielsweise *Powerpoint* die Möglichkeit Bilder mit Audiodateien zu koppeln und so vertonte Bildergeschichten zu entwerfen. Autorenprogramme wie *mediator* bieten dabei noch wesentlich variantenreichere Verknüpfungsmöglichkeiten von Ton und Bild. Hier lassen sich sehr leicht interaktive Erzählformen erstellen. Dies bedarf aber einer hohen Gewandtheit des Betreuungspersonals im Umgang mit dem jeweiligen Programm, damit die Auseinandersetzung mit der Technik den Projektverlauf nicht so stark überlagert, dass die Kinder in eine Statistenrolle gedrängt werden und nicht mehr von einem Medienprojekt mit Kindern gesprochen werden kann.

Projektname: Unser Tierlexikon
Inhalt/Untertitel: Multimediaprojekt mit Kindern von fünf bis sechs Jahren
Zeitlicher Umfang: 16 Wochen mit einem wöchentlichen Termin à 3 Stunden
Vorkenntnisse: Grundkenntnisse im Umgang mit PowerPoint und Audioschnitt
Technik: Zwei Fotokameras, Laptop, Beamer und Leinwand zum Betrachten der Fotos, Audioschnittsoftware (z.B. Audacity) und das Programm Impress (Open Office)
Gruppengröße: Im Idealfall 6 Kinder und zwei PädagogInnen.

■ Pädagogische Zielsetzung

Kinder lieben Tiere. Sie fühlen sich mit Tieren emotional stark verbunden und wünschen sich nicht selten, selbst ein eigenes Tier zu besitzen. Anknüpfend an diese emotionale Verbundenheit, ist die Erkundung der Tierwelt der Ausgangspunkt dieses Projekts, um ein mediales Tierlexikon zu erstellen.
Die Kinder formulieren eigene Texte und sprechen diese selbst ein. Dabei setzen sie sich bewusst und zielgerichtet mit Sprache und Inhalten auseinander, da sie ja etwas erklären möchten. In Diskussionen müssen sich die Kinder immer wieder auf das Wesentliche einigen. Sie wählen Fotos aus, sprechen über die Eigenschaften des jeweiligen Tiers und machen Formulierungsvorschläge. Mit dem Aufnahmegerät kann jede Tonaufnahme gleich anschließend nochmals abgespielt werden. Somit können die Kinder ihre eigene Artikulation reflektieren und ggf. bei einem weiteren Versuch

verbessern. Spielerisch lernen die Kinder, mit der Audio- und Foto-Aufnahmetechnik, also Aufnahmegerät und Fotoapparat, sowie mit dem Präsentationsprogramm umzugehen. Sie erfahren so, wie sie diese Medien kreativ und zielgerichtet nutzen können.

■ Ablauf

1. Einheit
Materialien: Digitalkameras, Computer

Zu Beginn wird in einem Stuhlkreis gemeinsam mit den Kindern überlegt, welche Tiere in das Lexikon aufgenommen werden sollen. Bereits jetzt sollten die Kinder ermutigt werden zu begründen, warum sie dieses oder jenes Tier vorgeschlagen haben. Meist ist mit dem ausgewählten Tier auch eine persönliche Geschichte verbunden, die sich so ans Tageslicht bringen lässt und erste Erzählanlasse schafft. Nun gilt es, mit den Kindern Fragen zu den verschieden Tieren zu erarbeiten, die in das Lexikon eingebunden werden sollen. Dies können z.B. Fragen zum Fressverhalten, der Abstammung oder dem Lebensraum der ausgewählten Tiere sein. Zum Schluss des ersten Treffens sollten die Kinder die Gelegenheit erhalten, die digitalen Fotoapparate auszuprobieren und zu lernen, wie man die Bilder auf den Computer übertragen kann.

2. Einheit
Materialien: Flipchart, Stifte, digitale Fotokamera

Wenn möglich ist das Einbinden eines Hundetrainers zu empfehlen. Es gibt mittlerweile zahlreiche Hundetrainer die – mit speziell ausgebildeten Hunden – gerne in Kindergärten, Schulen oder Horte kommen. Die Kinder können so spielerisch – durch eine „Reise ins Hundeland" – Berührungsängste abbauen und Antworten auf ihre vorbereiteten Fragen finden. Sie erfahren, was ein Hund mag, was er nicht mag, welches Spielzeug er hat, was er frisst etc. und vor allem, wie man sich einem Hund gegenüber richtig verhält. Außerdem können bereits die ersten Fotos gemacht werden. Die für das Lexikon relevanten Informationen sollten von einer Betreuungsperson auf Papier festgehalten werden, damit sie beim nächsten Treffen abrufbar sind.

3. Einheit
Materialien: Aufnahmegerät, Computer mit Audioschnittprogramm und Impress (Open Office)

Die gesammelten Informationen „rund um den Hund" werden zusammen mit den Kindern ausgewertet und in eine für Kinder verständliche Form gebracht. Die Infos können jetzt mit Hilfe eines Aufnahmegeräts aufgezeichnet und am Computer geschnitten werden. Nun können die ersten Bilder und Audioaufnahmen am Computer mit *Impress* zusammengefügt werden und der Anfang des multimedialen Lexikons ist gemacht.

4. Weiterer Verlauf

Zur Informationssammlung macht die Projektgruppe verschiedene Ausflüge, wie z.B. zu einem Kind nach Hause, das einen Hasen hat, zu einem Bauernhof etc. Mit Aufnahmegerät und Digitalkamera ausgerüstet machen die Kinder Fotos der ausgewählten Tiere, sowie Audioaufnahmen (Informationen und evtl. Tiergeräusche).

Bei den fest terminierten, wöchentlichen Treffen werden diese Informationen aufbereitet: Einsprechen von selbst entwickelten Info-Sätzen, Bildbearbeitung, Audioschnitt und Einbinden der entstandenen Dateien in das Tierlexikon. Am Ende steht eine CD-Rom, die alle beteiligten Kinder mit nach Hause nehmen können.

5. Abschluss

Die Abschlusspräsentation ist der Höhepunkt eines jeden Medienprojekts, das auf die Erstellung eines eigenen Medienprodukts abzielt. Vor allem die Einbeziehung der beteiligten Kinder und ihrer Eltern ist dabei besonders wichtig. Ein solcher Anlass bietet auch die willkommene Gelegenheit die gesamte Elternschaft einzuladen, um abseits von Elternversammlungen mit ihnen ins Gespräch zu kommen. Darüber hinaus empfiehlt es sich die örtliche Presse einzuladen, denn die Vorstellung eines von Kindern erstellten Medienprodukts bietet auch eine gute Gelegenheit zur Öffentlichkeitsarbeit. Auch wenn ein multimediales Lexikon – anders als ein Film – sich nicht an eine breite Öffentlichkeit wendet, sondern an den einzelnen User am Computer, empfiehlt es sich, mit Hilfe eines Beamers das Produkt allen Besuchern gemeinsam vorzuführen. Danach können Interessierte an aufgestellten Rechnern das Produkt nochmals genauer betrachten.
Natürlich sollen auch die Kinder in die Präsentation eingebunden werden. Vor allem die verbale Vorstellung des Produkts und wenn möglich auch des Prozesses durch die beteiligten Kinder, stellt einen Teil des Sprachförderkonzepts dar.

■ Reflexion

In dieser Altersgruppe benötigen die Kinder noch viel Anleitung und Hilfestellung bei der Erstellung eines eigenen Multimediaprojekts. Dennoch ist ihnen die Nutzung medialer Produkte durchaus vertraut und sie sind in der Lage, an diesen Erfahrungen anzuknüpfen. Der modulare Aufbau eines Lexikons lässt genügend Spielraum, um unterschiedliche Ideen einzubinden. Auch ist das Produkt eigentlich nie fertiggestellt und kann von einer neuen Gruppe von Kindern weitergeführt werden. Vor allem die Recherche über die Lebensweise von Tieren schafft vielfältige Sprech- und Erzählanlässe. Kinder erzählen von ihren eigenen Tiererfahrungen, berichten den anderen Gruppenmitgliedern über die Ergebnisse ihrer Nachforschungen und fassen die gewonnenen Erkenntnisse in eigene Texte. Vor allem der Kontakt mit lebenden Tieren (Besuch einer Hundetrainerin im Kindergarten, Ausflug auf einen Bauernhof) trägt zur hohen Motivation der Kinder im Projektverlauf bei. Sein Wissen in einem eigenen Medienprodukt zusammenzustellen bietet darüber hinaus die erste Hinführung zu einer sinnvollen Web-2.0-Nutzung, die sich durch das Einstellen eigener Inhalte in das Netz auszeichnet.

Klaus Lutz

Medienprojekte zur Sprachkompetenzförderung mit Grundschulkindern von sieben bis zehn Jahren

Vor allem in der Schule stellt die Sprachfähigkeit von Kindern eine Grundvoraussetzung zum Erwerb von Bildung dar. Sicherlich ist die Bildungsfähigkeit von verschiedenen Faktoren abhängig, aber ohne ausreichende Sprachkompetenz lässt sich selbst bei sonst optimalen Voraussetzungen Bildung nur schwer vermitteln. Aus dieser Erkenntnis heraus, die nicht zuletzt durch die PISA-Studie belegt wurde, sollte der Sprachförderung in der Bildungsarbeit ein hoher Stellenwert eingeräumt werden. Medien eignen sich dazu im besonderen Maße. Zum einen üben die Medien auf Kinder und Jugendliche eine hohe Anziehungskraft aus, die sich gut als Lernmotivation nutzen lässt, zum anderen lassen sich mit Hilfe von Medien Sprachprodukte erstellen, deren Lerneffekt sowohl in der Produktion selbst, als auch in der Nutzung des fertigen Produkts liegt. So lernen Kinder z.B. bei der Produktion eines Hörspiels, ihre Gedanken sprachlich zu formulieren. Weiter festigt das Hören des Produkts gleichzeitig die Sprachkompetenz und regt darüber hinaus zum Austausch über das Gehörte an. Quasi als erwünschter Nebeneffekt wird durch den Umgang mit den Medien parallel die Medienkompetenz der Kinder gefördert.

Zunächst gilt es nun, Methoden und Projekte zu entwickeln, die eine Sprachförderung mit Medien im pädagogischen Alltagsbetrieb der Schule ermöglichen. Dabei ist neben der Differenzierung nach Altersgruppen vor allem auf die „Alltagstauglichkeit" der Projekte zu achten: Nur wenn die Projekte nicht aufwändige Einarbeitungszeit für das pädagogische Personal in den Einrichtungen erforderlich machen oder technisch zu komplex sind, ist eine Umsetzung in der Praxis in ausreichender Zahl zu gewährleisten, was wiederum den Garant für eine messbare Verbesserung der Sprachfähigkeit darstellt.

Daneben ist die Frage der zur Benutzung der Geräte erforderlichen technischen Fertigkeiten von Bedeutung für das Gelingen der Projekte. Hier ergeben sich in der Praxis jedoch kaum Schwierigkeiten, da die heute zum Einsatz kommenden Geräte häufig „selbst erklärend" und demzufolge leicht zu bedienen sind. Somit sind Kinder bereits im Grundschulalter in der Lage, Geräte wie z.B. eine Videokamera, einen Fotoapparat oder ein Audio-Aufnahmegerät selbst zu bedienen. Auch der Computer kann als Produktionsgerät eingesetzt werden: Entsprechend angeleitet können Grundschulkinder Bilder bearbeiten, Töne aufnehmen oder Videoaufnahmen schneiden und somit eigenständige Medienprodukte erstellen.

Diese Ausgangssituation ermöglicht es, praktisch alle bekannten Ausdrucksformen, die die Medienlandschaft bietet, für eine Förderung der Erzählkompetenz einzusetzen.

Fotografische Bild-Wanderpanoramen

Kati Struckmeyer

Fotoprojekte mit Grundschulkindern

Fotoprojekte mit Kindern in Kombination mit einer Evaluation bieten die Möglichkeit, die Schule einmal auf ganz andere Weise zu erkunden. Die Darstellung der Schule und ihre Bewertung durch die SchülerInnen wird durch Medien in ihrer Wirkung verstärkt, was den Kindern schon während des Produzierens, erst recht aber während der Abschlusspräsentation vor Publikum bewusst wird. Hier ergibt sich die Möglichkeit des Durchschaubarmachens der Manipulationsmöglichkeiten von Medien. Dadurch werden Kritik- und Bewertungskompetenz der Kinder geschult, die nun mit anderen Augen Maßstäbe setzen und bewerten. Außerdem wird ihnen bewusst, wie Medien als Sprachrohr genutzt werden können, um Kritik zu üben und auf bestimmte Zustände aufmerksam zu machen.

Projektname: Unsere Schule: Plus- und Minusorte
Inhalt/Untertitel: Foto- und Audioprojekt mit Grundschulkindern von sechs bis zehn Jahren
Zeitlicher Umfang: 8 Wochen mit einem wöchentlichen Termin à 1,5 Stunden oder zwei Projektwochen mit täglichen Projektterminen à 1,5 Stunden und je einem Tag „Pause" pro Woche (bei diesem Modell muss man sich vorher genau überlegen, wie man das Entwickeln der Fotos in den Zeitplan eintaktet)
Vorkenntnisse: Technische und ästhetische Grundlagen der Fotografie, der Audioarbeit und am Computer
Technik: Zwei Fotokameras, zwei Audioaufnahmegeräte, zwei Mikrofone, Laptop mit Boxen, Beamer und Leinwand oder weiße Wand
Gruppengröße: Im Idealfall acht Kinder (aus jeder Klassenstufe von 1-4 jeweils zwei Kinder) und zwei PädagogInnen.

■ Pädagogische Zielsetzung

Die Bewertung ihrer Schule mit Hilfe von Medien gibt Kindern die Möglichkeit, an der Atmosphäre und der Gestaltung dieses wichtigen Ortes mitzubestimmen und zu wirken. Dazu müssen sie Argumente sammeln, formulieren und begründen, sich mit Kritik und Rechtfertigung auseinandersetzen sowie überlegen, wie man diese Ergebnisse medial präsentiert. Hier liegen die besonderen Herausforderungen der Medien- und der Sprachkompetenzförderung. Die Präsentation und Anerkennung in der Öffentlichkeit fördert darüber hinaus das Bewusstsein der Kinder für demokratische Mitbestimmung und politisches Mitspracherecht und motiviert sie dazu, emanzipiert an der Gesellschaft teilzuhaben.

■ Ablauf

1. Einheit – Einführung
Materialien: Moderationskarten, Wäscheleine, Schreibmaterialien

Die PädagogInnen erklären, dass heute der Start des Medienprojekts „Unsere Schule: Plus- und Minusorte" ist, bei dem es darum geht, die Schule zu evaluieren. Was eine Evaluation ist und warum man sie durchführt, kann dann im Gespräch mit den Kindern erarbeitet werden.

Daraufhin hat jedes Kind eine Weile Zeit, sich seine persönlichen Plus- und Minusorte zu überlegen und auf je einem Moderationskärtchen zu notieren (drei positive und drei negative sollten es pro Kind mindestens sein). Im Anschluss präsentiert jedes Kind seine Ergebnisse vor der Gruppe, was auch Anlass zu Rückmeldungen und Diskussionen sein kann, die durch die Pädagoginnen moderiert sein sollten. Gemeinsam entscheiden sich die Kinder schließlich, welche Plus- und Minusorte ihnen am wichtigsten sind und wie sie diese mit Hilfe des Audioaufnahmegeräts (Interviews, Geräuschcollagen etc.) und des Fotoapparats (Fotogeschichten, Plakate, Collagen etc.) präsentieren wollen. Die endgültigen Ergebnisse werden auf Moderationskärtchen notiert und an der Wäscheleine aufgehängt. Diese Wäscheleine bleibt zur Orientierung während des ganzen Projekts hängen.

2. Einheit – Erste fotografische Experimente
Materialien: Fotoapparate, Laptop, USB-Kabel, Beamer, Leinwand oder weiße Wand

Den Beginn dieser Projekteinheit bildet eine Erklärung der wichtigsten Bestandteile eines digitalen Fotoapparates, der dabei gezeigt und herumgegeben wird.[1]

Spiel: „Blind sehen"

Dieses Spiel schult den Tastsinn und die visuelle Wahrnehmung von Grundschulkindern und macht außerdem jede Menge Spaß. Pflanzenteile (z.B. Aststück, Kastanienblatt, Ahornnasen, Radieschen, Eicheln) aus der nächsten Umgebung werden einzeln in nummerierte Stoffbeutel gelegt. Jedes Kind bekommt einen Stoffbeutel und versucht, durch Ertasten den Gegenstand im Beutel zu erkennen. Nachdem alle Kinder ihren Gegenstand ertastet haben, müssen sie versuchen, diesen (ohne vorher in den Beutel zu sehen) in seinem natürlichen Umfeld zu finden

---

[1] Siehe S. 70 im Kapitel Fotoprojekte mit kleinen Kindern

und ihn zu fotografieren. Zum Schluss werden Bild und Beutelinhalt verglichen und eine neue Runde kann beginnen.

Dann werden einige Grundlagen der Fotoästhetik und der Bildgestaltung erklärt.[2]

Jetzt dürfen die Kinder das Gelernte selbst ausprobieren. In Gruppen aufgeteilt oder gemeinsam fotografieren sich die Kinder gegenseitig an ihren Lieblingsplätzen. Am Ende des Treffens werden die Fotos von den Kameras auf den Laptop übertragen, der an einen Beamer angeschlossen ist. Jetzt können die Fotos ganz in Ruhe betrachtet, beschrieben und ausgewertet werden.

3. Einheit – Erste Experimente mit dem Audioaufnahmegerät
Materialien: Audioaufnahmegeräte, Mikrofone, Laptop, Boxen, USB-Kabel

Zu Beginn des Treffens wird erklärt, wie so ein Audioaufnahmegerät aufgebaut ist und funktioniert. Ähnlich wie beim Fotoapparat muss es angeschaltet werden, um startbereit für Aufnahmen zu sein. Der nächste wichtige Knopf ist der (meist rote) Aufnahmeknopf, mit dem die Aufnahme beginnt. Im Kreis sitzend können die Kinder das schon einmal ausprobieren. Ein Kind bedient den Aufnahmeknopf und hält das Gerät in der Hand, ein weiteres hält die Schnur des Mikrofons und das Mikrofon selbst und ein drittes Kind hat die Kopfhörer auf und überprüft, ob die Aufnahme funktioniert, während noch ein Kind in das Mikrofon spricht (z.B. „Ich heiße ... und am meisten an der Schule mag ich ... , weil. ... " ➜ als Hilfe können die Fotos vom letzten Mal dienen). Wenn jeder einmal alles gemacht hat, werden die Aufnahmen angehört, indem kleine Lautsprecherboxen an das Audioaufnahmegerät angeschlossen werden. Nach der Einführung durch die PädagogInnen können die Kinder die Bedienung der Aufnahmegeräte schon selbstständig regeln. Eventuell können einige Kinder ihre Aufnahme noch einmal machen, wenn sie unzufrieden damit sind. Dann werden die Aufnahmen vom Aufnahmegerät auf den Laptop übertragen.

Die Audioaufnahmen können von den älteren Kindern nach einer Erklärung auch schon selbstständig geschnitten und aufbereitet werden (z.B. mit „audacity", einem Audioschnittprogramm, das man kostenlos aus dem Internet herunter laden kann), während die jüngeren Kinder dabei noch Unterstützung (durch ältere Kinder oder die PädagogInnen) benötigen. Falls die Kinder es nicht schaffen, alle Audioaufnahmen selbst zu schneiden, sollten die PädagogInnen das zwischen den Projektterminen übernehmen.

---

2 Siehe S. 71 im Kapitel Fotoprojekte mit kleinen Kindern

Optionales Spiel: Naschen, Raten, Reimen

Alle Kinder sitzen im Kreis zusammen. Die PädagogInnen haben kleine Frühstückstüten in Anzahl der Kinder vorbereitet, in denen verschiedene Naschereien versteckt sind: ein Apfelschnitz, ein Keks, eine Nuss, ein Gummibärchen etc.[3] Ein Kind bekommt die Augen verbunden, dann holt ein anderes Kind eine Frühstückstüte aus einem Korb, öffnet sie und steckt sie dem anderen Kind vorsichtig in den Mund. Dieses Kind muss erst einmal raten, was es im Mund hat und dann schnell einen kurzen Reim darauf erfinden (z.B. „Ich esse eine Banane, nur leider ohne Sahne" oder „Ich geb dir eine Nuss – gibst du mir einen Kuss?"). Ein Aufnahmeteam nimmt daraufhin den Reim auf. Am Ende werden alle erfundenen Reime nacheinander abgespielt.

4., 5. und 6. Einheit – mediale Umsetzung der Plus- und Minusorte
Materialien: Aufnahmegeräte, Fotokameras, USB-Kabel, Laptop und Boxen

Anhand der Wäscheleine gehen alle zusammen noch mal die Orte durch, die präsentiert und evaluiert werden sollen. Dann teilen sich die Kinder in Teams auf, in denen sie zusammen losziehen und ihre Orte erst fotografieren und dann Umfragen und Interviews machen und sich gegenseitig aufnehmen, wie sie die Plus- und Minusorte bewerten und beschreiben. Die Aufnahmen werden außerdem von den Kindern, soweit möglich, bearbeitet, so dass keine „ähhs", Versprecher und Pausen mehr dabei sind.

7. und 8. Einheit – Vorbereitung der Präsentation
Materialien: Laptop, Beamer, Leinwand oder weiße Wand

Jetzt geht es ans Vorbereiten der Abschlusspräsentation vor Publikum. Dazu müssen sich die Kinder zuerst entscheiden, welche Fotos die besten sind. Bei der Abschlusspräsentation wird es eine PowerPoint-Präsentation geben, auf der die Fotos zu sehen und die Audioaufnahmen zu hören sind. Außerdem soll auf Stellwänden auch eine klassische Fotoausstellung aufgebaut werden, für die man sich entscheiden muss, wie man die Fotos analog präsentiert – Format, Rahmen, Hintergründe – vieles ist möglich. Ein Pädagoge/eine Pädagogin sollte nach dem siebten Treffen die Bilder zum Entwickeln in einen Drogeriemarkt bringen oder ausdrucken, damit sie beim letzten Treffen aufgeklebt, gerahmt oder anders gestaltet werden können. Die älteren Kinder können nach einer Einführung durch die Pädagogin/den Pädagogen auch das Kombinieren und Arrangieren der Fotos und Aufnahmen in PowerPoint übernehmen. Die jüngeren Kinder können hierbei unterstützen, vor allem in die Gestaltungsfragen mit einbezogen werden und derweil auch die Moderation üben. Denn in den Teams, in denen die Kinder die Plus- und Minusorte medial umgesetzt haben, werden sie sie auch vor Publikum präsentieren.

Im Anschluss an das achte und letzte Treffen ist es dann soweit. Laptop und Beamer, Leinwand, Boxen, eventuell Mikrofone für die Moderatorinnen und Moderatoren und die Stellwände mit den Fotos/Plakaten werden in der Aula oder einem anderen großen Raum aufgebaut. Nach einer letzten Durchlaufprobe wird schließlich das Publikum begrüßt und die Präsentation der Ergebnisse kann starten.

---

3   Hierbei muss natürlich darauf geachtet werden, dass nichts dabei ist, worauf jemand aus der Gruppe allergisch ist.

■ Reflexion

Das Projekt „Unsere Schule: Plus- und Minusorte" kann in verschiedene Unterrichtsfächer integriert werden. Das einzige organisatorische Problem ist die altersübergreifende Arbeit, so dass im besten Fall aus jeder Klassenstufe zwei Kinder am Projekt teilnehmen können. Falls dies nicht möglich sein sollte, kann man es natürlich auch mit einer kompletten Klasse oder Kindern aus zwei oder drei Klassenstufen durchführen. Die Projekterfahrung hat jedoch gezeigt, dass das gegenseitige Verständnis und der Respekt voreinander gerade durch die altersübergreifende Arbeit steigen. Davon abgesehen gehört es zu einer Sensibilisierung für demokratische Strukturen natürlich auch, dass alle Klassen durch Kinder vertreten sind und keiner mit seiner Meinung ausgeschlossen wird. Am wichtigsten ist es bei diesem Projekt jedoch, dass die Kritik der Kinder und ihre Veränderungswünsche und -vorschläge nach der Präsentation nicht sang- und klanglos in der Schublade verschwinden. Auch, wenn manches vielleicht nicht umzusetzen ist, muss man das den Kindern trotzdem erklären und seine Argumente darlegen. Für das Demokratieverständnis der Kinder ist es ganz essentiell, dass ihre Meinung und deren Bekundung nicht untergehen, sondern beachtet und im besten Fall auch umgesetzt werden.

Klaus Lutz

Audioprojekte mit Grundschulkindern

Nach wie vor steht die Hörkassette oder Hör-CD bei den Grundschulkindern hoch im Kurs. Vor allem bei Jungen ist in der Bücherei das Regal, in welchem die Hör-CDs zu finden sind, fast genauso beliebt wie die Comicecke. Da liegt es nahe, die Freude am Hören als Motivation für das Erstellen eigener Hörprodukte zu nutzen. Der Entwicklungsstand, den Kinder in diesem Alter erreicht haben, bietet hierzu viele methodische Ansatzpunkte.

Die Geschichten, die sich Kinder in diesem Alter ausdenken, werden immer komplexer. Um diese mit Hilfe eines Audiobeitrags zu erzählen, reicht es nun nicht mehr aus, sie ohne Nachbearbeitung über ein Mikrofon auf Tonband aufzunehmen: Die Krimi- oder Gruselgeschichte bedarf nun der Untermalung mit Musik und Geräuschen, in Reportagen müssen manche Aussagen gekürzt oder mehrmals an unterschiedlichen Stellen in den Beitrag kopiert werden. Die Bedienung eines Aufnahmegeräts wird von den Kindern nun schon souverän bewältigt; die Benutzung eines Schnittprogramms kann unter Anleitung ebenfalls selbstständig ausgeführt werden. Nur die dramaturgische Gestaltung durch den Schnitt bedarf noch starker Hilfestellung. Ansonsten sind die Kinder beim Medium Audio am schnellsten ohne Hilfe von Erwachsenen bereit, selbstständig ihre Ideen in ein mediales Produkt umzusetzen.

> **Projektname:** Web-Radio oder Audio-Schülerzeitung
> **Inhalt/Untertitel:** Audio-Projekt mit Grundschulkindern
> **Zeitlicher Umfang:** Fortlaufendes AG-Angebot (wöchentlich) über ein Schuljahr
> **Vorkenntnisse:** Grundlagen der Audioarbeit, Internet-Kenntnisse
> **Technik:** Laptop, Aufnahmegerät Audioschnittsoftware, Internetzugang
> **Gruppengröße:** 8-10 Kinder

■ Pädagogische Zielsetzung

Grundschulkindern fällt es – vor allem in den ersten beiden Schuljahren – wesentlich leichter, sich mündlich ihrer Umgebung mitzuteilen als schriftlich. Vor allem die Schwierigkeiten, die gerade Kinder aus bildungsfernen Schichten mit dem Erwerb der Schriftsprache haben, bauen hohe Hürden für das Verfassen von eigenen Texten auf. Projekte wie z.B. das Erstellen einer Klassenzeitung, die das Verfassen von eigenen Texten befördern sollen, werden daher von schwächeren Schülern nur selten genutzt. Hier bieten sich die verschiedenen journalistischen Formen der Radioarbeit an. Von der Umfrage über das Interview bis zur Reportage lässt sich für jede Alltagssituation eine passende Form finden. Diese Audioprodukte lassen sich sehr einfach in eine Web-Seite einbauen und sind jederzeit abrufbar.

Auf dem Weg zu eigenen Meldungen oder Reportagen ergeben sich viele Diskussionsanlässe, die einen aktiven Umgang mit Sprache befördern.

Bei der Erstellung eigener Texte und der Erprobung verschiedener journalistischer Stilformen lernen die Kinder, auf unterschiedliche Weise mit Sprache als geschriebenem Text oder gesprochenen Sätzen umzugehen.

Beim Aufbau eines eigenen Web-Radios lernen die Kinder nach und nach die Audio-Aufnahmetechniken kennen und für ihre eigenen Mitteilungsbedürfnisse zu nutzen.

■ Ablauf

1. Einheit
Materialien: Laptop, Aufnahmegerät Audioschnittsoftware, Internetzugang

Zu allererst gilt es, die Kinder mit den verschiedenen Formen des Radiojournalismus vertraut zu machen. Zum Einstieg eignet sich am besten die Umfrage oder das Interview. Bei der Umfrage ist vor allem darauf zu achten, geschlossene Fragen zu vermeiden, die man nur mit ja und nein beantworten kann wie z.B.: „Träumst du nachts häufig?". Besser wäre es, danach zu fragen: „Was hast du heute Nacht geträumt?". Hier bedarf es einiger Übung, vor allem wenn man sich an die komplexeren Aufgaben wie die der Produktion einer Reportage oder eines Features wagt. Das Buch „Junges Radio - Kinder und Jugendliche machen Radio", erschienen bei kopaed, bietet hierzu ausführliche Arbeitshilfen.

2. Einheit
Materialien: Laptop, Aufnahmegerät Audioschnittsoftware, Internetzugang

Sind die ersten Beiträge gemacht, gilt es, sich mit der Audioschnitttechnik vertraut zu machen. Auf dem Markt befinden sich für das Schneiden von Audiofiles zahlreiche Produkte, die preislich durchaus erschwinglich sind. Es gibt aber für einfache Bearbeitung auch kostenlose Lösungen wie z.B. das Programm „Audacity", welches man im Internet downloaden kann.
Was nun noch fehlt ist die Möglichkeit, die Produktionen im Internet zu veröffentlichen. Hier bieten sich unterschiedlichste Möglichkeiten an: Besitzt die Einrichtung oder die Schule bereits eine Internetpräsenz, so wäre zu überlegen, diese um einen Auftritt des „Web-Radios" zu erweitern. Besteht noch kein eigener Internetauftritt oder ist eine Einbindung aus inhaltlichen oder technischen Gründen nicht möglich, so bietet die Erstellung eines eigenen Blogs eine Alternative. Unter folgenden Internetadressen lassen sich z.B. kostenlose oder kostengünstige Internetseiten erstellen: www.blooger.com oder www.wordpress.de.

3. Weiterer Verlauf
Materialien: Laptop, Aufnahmegerät Audioschnittsoftware, Internetzugang

Nun gilt es, eine Redaktion zu formen, die in regelmäßigen Treffen Themen sammelt, die für das Web-Radio bearbeitet werden sollen. Wichtig ist dabei, an der Lebenswelt der Kinder entlang zu planen und nicht Themen von außen überzustülpen. Erfahrungsgemäß gehen die Kinder erst in ihrer Rolle als Reporter auf, wenn sie einen Bezug zu den zu bearbeitenden Themen haben. Themen gibt es mehr als genug, für die sich die Kinder begeistern lassen. Die Redaktion ist auch nicht als geschlossene Gruppe zu betrachten. Neueinsteiger können immer integriert und im Idealfall von den erfahrenen Jungreportern angeleitet werden.

■ Reflexion

Durch das Einstellen eigener Medienprodukte in das Internet können sich die Kinder einer größeren Öffentlichkeit mitteilen. Da die Inhalte „weltweit" abrufbar sind, können sie ihre Produkte z.B. auch außerhalb der Schule stolz Eltern, Großeltern oder Freunden zeigen. Oft ist ein Audioprodukt das erste von ihnen in Eigenleistung erstellte „Sprachprodukt", für das sie positive Rückmeldung erhalten. Frei nach dem Motto „Rechtschreibfehler hört man nicht" fällt es den Kindern meist wesentlich leichter, einen Text in ein Aufnahmegerät zu sprechen als ihn aufzuschreiben. Für die Förderung von Sprachkompetenz ist die Freude am Umgang mit der Sprache ein Grundpfeiler einer wirksamen Förderung. Diese Voraussetzung kann mit der Arbeit an einem Web-Radio in hohem Maße geschaffen werden. Darüber hinaus bietet es vielfältige Ansatzpunkte, Sprech- und Formulierungsanlässe zu schaffen, die außerhalb einer reinen Regelvermittlung liegen, aber den Prozess des Spracherwerbs nachhaltig befördern können.

Klaus Lutz

Videoprojekte mit Grundschulkindern

Kinder ab 7 Jahren sind zunehmend in der Lage, auch als Schauspieler vor der Kamera zu agieren. Die Geschichten, die sie mit der Videokamera erzählen möchten, tragen jetzt deutlich die Züge ihrer eigenen Erfahrungen oder haben ihren Ursprung in den Medien selbst, die sie nun immer häufiger auch konsumtiv nutzen. Vor allem das Fernsehen und die dadurch transportierten Helden liefern nun zunehmend die Vorlagen für Geschichten.

Legt man die Story nicht zu kompliziert an – wie z.B. durch Rückblenden – und dreht den Film in chronologischer Reihenfolge, sind die Kinder in dieser Altersgruppe auch durchaus in der Lage, unter Anleitung selbstständig Regie zu führen und den Schnitt auszuführen. Bedeutung und Wirkung der Filmsprache wie Großaufnahmen, Schwenk usw. werden ebenfalls zumindest in Ansätzen verstanden und gestalterisch eingesetzt. Dennoch bleibt der Betreuungsaufwand in dieser Altersspanne hoch, d.h. alle Arbeitsschritte müssen betreut, angeleitet und begleitet werden.

Der Schiebetrickfilm hat sich für diese Altersgruppe als ein besonders geeignetes Verfahren herausgestellt. Vor allem im Bezug auf die Sprachförderung bietet diese Methode Vorzüge. Im Gegensatz zum sogenannten „Realfilm", der mehr von der Bildsprache als von dem gesprochenen Wort lebt, bietet diese Methode zahlreiche Sprechanlässe.

Das Schiebetrickverfahren, eine spezielle Methode zur Erstellung eines Trickfilms, soll im Folgenden beschrieben werden.

Projektname: Wir drehen eine Serie
Inhalt/Untertitel: Schiebetrickfilm mit Kindern zwischen 8 und 10 Jahren
Zeitlicher Umfang: sieben Wochen mit einem wöchentlichen Termin á 2 Stunden
Vorkenntnisse: Grundlagen der Videoarbeit
Technik/Material: Trickbox (Die Trickbox ist eine Holzkiste. Sie ist etwa 120 Zentimeter lang, 100 Zentimeter hoch und 50 Zentimeter tief. An der Trickbox ist eine digitale Kamera fest angebracht. Auch Lampen zum ordentlichen Ausleuchten der Arbeitsfläche sind in der Trickbox montiert.) Folie, Papier, Stifte, Schere, Tesa/Kleber, Kamera, Mikro, Monitor. Schnittcomputer, Beamer, Leinwand, Aktivbox, Abspielgerät
Gruppengröße: 6-8 Kinder

■ Pädagogische Zielsetzung

Das TV-Format der Serie ist den Kindern in dieser Altersklasse durchaus geläufig. An dieser Vorerfahrung lässt sich sehr gut anknüpfen und bevor mit dem eigentlichen Produktionsprozess begonnen wird, steht erst einmal eine Einführung in die Filmarbeit und eine kindgerechte Analyse des Formats „Serie" im Vordergrund. Neben der Reflexion über dieses Format, erlernen die Kinder den Umgang mit der Aufnahme- und Schnitttechnik und machen erste Erfahrungen mit der Filmsprache, indem sie überlegen, in welche Einstellungen die erarbeiteten Szenen aufgelöst werden sollen.

Bei der Entwicklung einer Serie von Kurzfilmen, welche die Erlebnisse von zwei oder drei Hauptfiguren erzählt, bieten sich mannigfaltige Kommunikationsanlässe. Insbesondere dann, wenn sich die Kinder mit den Hauptfiguren identifizieren, lassen sich auch schwächere Schüler gut zur „sprachlichen" Mitarbeit motivieren. Die Arbeit am Drehbuch wird immer wieder von Mal- und Bastelarbeiten unterbrochen, was für eine methodische Abwechslung sorgt.

Die Umsetzung der erarbeiteten Geschichte erfolgt im Verfahren des Schiebetricks, d.h. die von den Kindern gemalten bzw. gebastelten Szenenhintergründe sowie die Figuren werden ausgeschnitten und auf Folienstreifen geklebt. Auf diese Weise lassen sich die Figuren ohne zeitaufwändige Stop-Motion-Technik in Echtzeit bewegen. Nach Beendigung der Filmaufnahmen wird der Film sowohl mit Geräuschen als auch mit Stimmen live nachvertont. Dieses Verfahren ermöglicht es den Kindern – entlang der Bilder – den Text für die Geschichte live zu entwickeln und befördert somit den spielerischen und lustvollen Umgang mit Sprache.

■ Ablauf

1. Einheit
Materialien: vorbereitete Figuren, Folie, Papier, Stifte, Schere, Tesa/Kleber, Trickbox, Kamera, Mikro, Monitor

Nach der Vorstellung des Teams können die Kinder die mitgebrachten Figuren in die Trickbox legen und die Ergebnisse auf dem Monitor beobachten. Nach diesen ersten Eindrücken wird mit den Kindern in einem Gesprächskreis das Thema „Serie" erörtert. Daran anknüpfend werden die Hauptfiguren für die eigene Serie entwickelt und ihre hauptsächlichen Charaktereigenschaften herausgearbeitet. Zum Abschluss des ersten Treffens können die Kinder ihre Köpfe in die Trickbox legen, ihren Namen und Alter nennen sowie über ihre Lieblingsserie berichten. Die so gemachten Aufnahmen können dann am Monitor nochmals von allen Beteiligten betrachtet werden.

2. Einheit
Materialien: Kamera, Monitor, Trickbox

Nun gilt es kleine Geschichten rund um die Hauptfiguren zu entwickeln sowie die Nebenrollen festzulegen. Zum Schluss sollte die Geschichte einmal ohne Figuren erzählt und gegebenenfalls aufgezeichnet werden, damit für das Bewegen der Figuren eine grobe Vorstellung entsteht.

3. Einheit
Materialien: Papierbögen, Bildschirmformat-Schablone, Folienstreifen, Farben/Buntpapier, Scheren, Kleber, Kamera, Monitor, Trickbox

Ist die Arbeit an der Geschichte abgeschlossen, muss die Szeneneinteilung überlegt werden. Außerdem müssen die Hintergründe festgelegt und gezeichnet werden, vor denen die Hauptfiguren agieren sollen. Die gemalten Hintergründe sollten ab und an in der Trickbox getestet werden.

4., 5. und 6. Einheit
Materialien: Hintergründe, Figuren, Trickbox, Kamera, Mikro, Schnittcomputer, Monitor

Nun wird mit den eigentlichen Dreharbeiten begonnen. Die Kinder bewegen die Figuren vor den gemalten Hintergründen in der Trickbox und sprechen – wenn möglich – gleich den Text dazu. Der Text wird zwar noch nicht aufgezeichnet, allerdings kann auf diese Weise gut die ungefähre Länge der Szenen festgelegt werden. Nach einigen Szenen wird das Material gesichtet und mit den Kindern geschnitten. Dabei wird auch besprochen, welche Geräusche neben dem Text noch aufgezeichnet werden sollen und wie diese erzeugt werden können. Die Vertonung kann dann am Ende des Filmprojekts stehen; als Abwechslung zu den Dreharbeiten können aber zwischendurch auch bereits fertiggestellte Abschnitte vertont werden.

7. Einheit
Materialien: Beamer, Leinwand, Aktivbox, Abspielgerät

Den krönenden Abschluss eines Filmprojekts stellt immer die Premiere vor Publikum dar. Hier sollten ruhig nicht nur die Eltern der beteiligten Kinder, sondern alle Eltern und Kinder der Einrichtung sowie die lokale Presse eingeladen werden. Es gibt kaum eine geeignetere Form der Öffentlichkeitsarbeit als die einer Filmpremiere. Aus hier sollten die beteiligten Kinder eingebunden werden. Vor der Uraufführung des Films können sie den Projektverlauf kurz vorstellen und über ihre persönlichen Erfahrungen berichten. Die Präsentation von Fotos, die während des Projekts entstanden sind, und das Anbieten von Getränken und Kleinigkeiten zum Essen gewährleisten einen feierlichen Rahmen und runden die Premierenfeier gut ab.

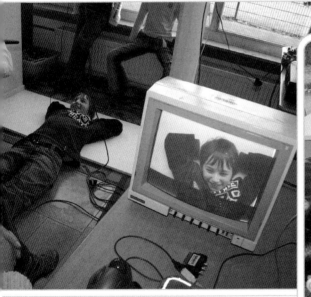
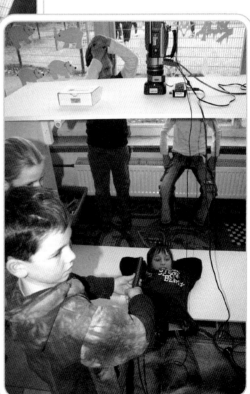

■ Reflexion

Die Filmarbeit hat ein großes motivierendes Potenzial. Die meisten Kinder im Grundschulalter besitzen schon sehr viel Film- und Fernseherfahrungen und träumen häufig davon, selbst einmal bei einem Film mitzuwirken. Dieses MotivationsPotenzial für die Sprachförderung sollte genutzt werden. Auch wenn Kinder in diesem Alter schon durchaus in der Lage sind, vor der Kamera zu schauspielern, so bietet doch der Trickfilm für die Sprachförderung mehr Potenzial, da sich Sprechanlässe hier gezielter einbauen lassen und das Erzählen über Bildsprache etwas in den Hintergrund rückt.
Das Serien-Format hat zudem für den Produktionsprozess den Vorteil, dass der Film modular aufgebaut und auch mit neuen Kindern weitergeführt werden kann.
Gibt man der Entwicklung der Geschichte genügend Raum, sind die Kinder in diesem Alter durchaus in der Lage, sich von ihren medialen Vorbildern zu lösen und ihre eigenen Phantasien in das Drehbuch einfließen zu lassen. Vor allem Alltagsprobleme wie z.B. keine Freunde zu haben oder Schulschwierigkeiten liefern oft die Anfangsideen, aus welchen sich dann die Geschichten entwickeln. Neben dem Erwerb von Sprachkompetenz ist nach Abschluss eines solchen Projekts vor allem die Zunahme an Vertrauen in das eigene Handeln bei den Kindern zu beobachten, was sich wiederum positiv auf die weitere Sprachentwicklung auswirkt. Eine klassische „win-win-Situation".

Klaus Lutz

Multimediaprojekte mit Grundschulkindern

Der Begriff Multimedia beschreibt – vereinfacht dargestellt – die Möglichkeit, sowohl Texte und Bilder wie auch Töne und Videofilme zu präsentieren und im Rahmen der Präsentation interaktiv miteinander zu verknüpfen. Kindern ist diese multimediale Präsentationsweise z.B. durch Lernspiele oder Internetseiten bereits sehr vertraut. Sie lassen sich mit Hilfe von Spielfiguren (Avatare) durch virtuelle Welten führen, wählen gesteuert durch grafische Schaltflächen oder Textanweisungen Inhalte aus und folgen so interaktiv medialen Erzählsträngen. An diesen Erfahrungen lässt sich anknüpfen um mit den Kindern selbst einen Erzählstrang zu entwickeln, der die übliche lineare Erzählweise verlässt und durch interaktive Elemente dem User selbst überlässt, wohin die Reise gehen soll. Um nicht von den vielfältigen Kombinationsmöglichkeiten, die ein Multimediaprojekt bietet, erdrückt zu werden, bedarf es zunächst eines klaren Konzepts. Hierbei gilt es, in einem genauen Ablaufplan herauszuarbeiten, was wann und wie geschehen soll. Anhand eines solchen Ablaufplans lassen sich verschiedene Unterabschnitte an unterschiedliche Gruppen verteilen, die zum Schluss dann wieder zu einem großen Ganzen zusammengefügt werden können. Hier ist also außer der Phantasie der Kinder bei der Entwicklung der Ideen vor allem auch die planerische Kompetenz der Betreuerin oder des Betreuers gefragt.

Nachfolgend wird ein Multimediaprojekt beschrieben, das mit einer 2. Klasse über mehrere Wochen durchgeführt wurde.

Projektname: Unser Wasser-Buch
Inhalt/Untertitel: Multimediaprojekt mit Grundschulkindern
Zeitlicher Umfang: ca. 1/2 Schuljahr mit einem wöchentlichen Termin à 1,5 Stunden
Vorkenntnisse: Umgang mit „Powerpoint" und „Audacity"
Technik: Zwei Fotokameras, Laptop, wenn möglich Beamer und Leinwand zum Betrachten der Fotos, zwei Audio Aufnahmegeräte, das Programm „Powerpoint", ein Audioschnittprogramm wie „Audacity"
Gruppengröße: Eine Schulklasse (ca. 20 Schüler) und zwei PädagogInnen. Das Projekt lässt sich auch gut in kleineren Gruppen umsetzen

■ Pädagogische Zielsetzung

Kinder entdecken ihre Lebenswelt und werden zu kleinen Forschern. In der Schule werden Themengebiete auf verschiedene Weise aufbereitet – hier soll das Themengebiet „Wasser" mit Hilfe von Medien erarbeitet werden. Dabei sollen die Schüler eigene Medienprodukte wie Bilder, kleine Videofilme und Texte selbst erstellen und zu einem Multimediaprodukt zusammen führen.
Dies macht eine sprachliche Auseinandersetzung mit dem Thema unabdingbar, stärker als dies im Regelunterricht der Fall ist.
Die Medien Bild, Ton und Schrift sollen dabei in verschiedener Kombination genutzt werden.

Besonders unterstützt wird dabei die Sprachentwicklung durch das eigene Verfassen von Texten und das Einsprechen von Kommentaren. Weiterhin wird die Sinneswahrnehmung der Kinder differenziert und geschult, wenn es um Perspektiven, Einstellungen (Fotos) sowie Intonation und Betonung (Tonaufnahmen) geht. Sie erfahren, dass sie Medien als Hilfsmittel beim Entdecken ihrer Lebenswelt, bei Nachforschungen und als Ausdrucksmittel zur Weitervermittlung des Gelernten nutzen können. Zudem befassen sie sich mit den ästhetischen und inhaltlichen Gestaltungskriterien, die diesen Prozessen zu Grunde liegen.

Die spielerische Einführung in die Bedingung von Aufnahmegerät und Fotokamera ermöglicht einen ersten Einblick in den Entstehungsprozess von medialen Produkten. Durch deren vielfältige Kombinationsmöglichkeiten u.a. in der Verbindung mit Schrift lernen die Kinder Medien als Mittel zur aktiv-kreativen Gestaltung kennen. Sie entdecken mit Hilfe von Medien ihre Lebenswelt und werden so zu kleinen Forschern.

■ Ablauf

1. Einheit: Heranführung an die Fotokamera
Materialien: Fotokameras

Zunächst steht der Umgang mit der digitalen Fotokamera im Vordergrund. Die Kinder fotografieren sich gegenseitig in verschiedenen Einstellungsgrößen und aus verschiedenen Blickwinkeln, um die Möglichkeiten und Wirkungsweisen der Fotografie kennen zu lernen. Anschließend betrachten alle gemeinsam die Bilder am PC und kommentieren die eigenen Bilder aber auch die der Mitschüler.

2. Einheit: Heranführung ans Aufnahmegerät
Materialien: Aufnahmegeräte

Nun gilt es spielerisch die Aufnahmegeräte kennen zu lernen. Jedes Kind darf einen Satz einsprechen. Dabei soll es möglichst einen Gegenstand aus dem Klassenzimmer und seinen Aufenthaltsort nennen. Wichtig ist dabei, dass die Kinder das Gerät selbstständig bedienen, um ein Gefühl für das Sprechen bei der Aufnahme zu bekommen. Anschließend wird das Eingesprochene noch einmal gemeinsam angehört und Schwierigkeiten bei der Aufnahme werden besprochen.

3. Einheit: Gestaltung der Startseite mit Lied
Materialien: Aufnahmegeräte

Die Kinder singen ein Lied zum Thema „Wasser" und nehmen dieses mit dem Aufnahmegerät auf. Dabei ist darauf zu achten, dass alle Kinder einen möglichst gleichgroßen Abstand zum Mikro haben, um zu vermeiden, dass nur die Kinder zu hören sind, die nah am Mikrofon stehen. Gemeinsam wird in Powerpoint eine Willkommenseite gestaltet, auf der das Lied abgespielt werden kann. Hier können auch gezeichnete und gemalte Bilder der Kinder Verwendung finden, die entweder mit einem Scanner eingelesen oder einfach mit der Digitalkamera abfotografiert worden sind.

Folgende Einheiten: Gestaltung der weiteren Seiten

Ratespiel zum Thema „Wie klingt Wasser?"
Die Kinder überlegen, wo und wie Wasser vorkommen kann (z.B. aus dem Wasserhahn, Meer, Regen, Eiswürfel, kochend im Teekessel, etc.). Anschließend fangen sie mit dem Aufnahmegerät die verschiedenen Geräusche ein, die Wasser dabei verursacht und fotografieren die jeweilige Situation. Die Geräusche werden in eine Powerpoint-Seite eingebunden und sind dort abspielbar. Einige Sekunden nach Abspielen der Audiofiles erscheint die Lösung schriftlich und mit Bild.

Sachgeschichte in Form einer klassischen Ton-Dia-Show zum Thema „Warum steigt der Meeresspiegel?"
Die Kinder erklären zunächst mit Hilfe eines Kommentars, dass der Meeresspiegel steigt. Der aufgenommene Kommentar wird mit gemalten Bildern versehen und auf einer Seite als Präsentation zusammengeführt. Anschließend wird erklärt, warum der Meeresspiegel steigt. Auch hier bildet ein gesprochener Kommentar die Grundlage, untermalt mit gemalten Bildern und Fotos von Versuchen (z.B. Eis schmilzt in einer Schale, der Wasserstand steigt). Als letztes wird mit Kommentar und Fotos erläutert, was man gegen diese Bedrohung unternehmen kann.

Ton-Dia-Shows zum Thema „Wassergedichte"
Die Kinder lesen Gedichte zum Thema „Wasser" vor, die sie entweder selbst geschrieben haben oder die aus literarischen Vorlagen stammen. Sie machen anschließend Fotos dazu, auf denen Wasser zu sehen ist und verknüpfen dann beide mit Hilfe von Powerpoint zu einer klassischen Ton-Dia-Show.

Sachgeschichte zum Thema „Ausflug in die Kläranlage"
Schon im Vorfeld der Exkursion beschäftigen sich die Kinder mit der Frage „Wieso wird Wasser dreckig?" Dazu machen sie Fotos zu verschiedenen Situationen, in denen Wasser verbraucht oder verschmutzt wird. In der Kläranlage gehen sie der Frage nach, wie das Wasser wieder sauber gemacht wird. Dort fotografieren sie, führen Interviews und nehmen Geräusche auf. Anschließend entstehen Powerpointseiten mit Fotos, Text und Audiokommentaren bzw. Geräuschen zum Thema „Wie wird unserer Wasser wieder sauber".

■ Reflexion

Eine eigene CD zum Thema „Wasser" zu erstellen, hat für Kinder einen enorm hohen Stellenwert. Sie präsentieren die CD gerne ihren Mitschülern, Freunden und Verwandten; und auch lange Zeit nach Ende des Projekts wird sicherlich die CD von den Kindern noch genutzt. Besonders sprachfördernd wirken sich das eigene Verfassen von Texten und das Einsprechen von Kommentaren aus. Im Unterricht kann die CD als Lehrmaterial auch noch für weitere Schülergenerationen eingesetzt werden.
Sicherlich ist zu bedenken, dass die Vielzahl der Möglichkeiten, die ein Multimediaprojekt bietet, auch komplexe Anforderungen an die Betreuung stellt. Aber der modulare Aufbau, den ein Multimediaprojekt ermöglicht, bietet gute Chancen, unterschiedliche Lerneinheiten separat zu produzieren und dennoch zu einem einheitlichen Produkt zusammen zu führen.

Martin Ellrodt

Epilog

Lange saß die Runde nach dem Essen noch am Tisch beieinander, vier Erwachsene und sechs Kinder, denn viel gab es zu erzählen: Samir war den ganzen Tag zu Verhandlungen in Japan gewesen, Leana hatte für ihre Doktorarbeit einen Bohrkern aus der Antarktis geholt, und Zelife einen Techniker verarzten müssen, der sich bei Außenarbeiten in der siebten Umlaufbahn schwer verletzt hatte. Und dank der neuen Teleporter-Generation waren sie auch nicht mehr ganz so erschlagen von den weiten Reisen.

Die Kinder wiederum erzählten von ihrem Tag im Wachstumszentrum, den Experimenten und Spielen und Projekten, mit denen sie sich beschäftigt hatten, und wieder und wieder davon, wie es Hatta geschaft hatte, auf einem Hundehaufen auszurutschen und mit der Hand, die den Sturz abfangen sollte, einen zweiten zu erwischen.

Schließlich bestimmte Jevanu, dass es Zeit für die zwei Jüngsten war, ins Bett zu gehen. Hatta rief: „Erzählst du uns noch eine Geschichte? Eine von früher, als die Menschen noch echte Tiere gegessen haben und jeder in seinem eigenen Kasten durch die Gegend rollte?" – „Ach", sagte Jevanu, „ich bin so alle heute, ich mag nicht mal mehr erzählen. Einmal in der Woche darf ich aussetzen, ja?" – „Aber dann wollen wir in die Box!" – „Also gut", seufzte Jevanu, „aber nur für ein Kapitel! Welche Geschichte soll's denn sein?" Hatta beriet sich kurz mit Isun, und dann rief sie: „Steinzeit! Da werden gerade Büffel gejagt!" – „Na dann ab mit Euch!" Hatta und Isun sprangen auf, wünschten den anderen eine gute Nacht und flitzten den Flur entlang. Jevanu folgte ihnen, und als er die Box betrat, lagen die Kinder schon auf den Pritschen. Jevanu setzte ihnen die Helme auf und verband sie mit dem Server. Dann wählte er auf der Eingabefläche des Rechners die entsprechende Geschichte und das gewünschte Kapitel und löschte das Licht. „Viel Spaß!", rief er Hatta und Isun zu, als er die Türe schloss, aber die beiden hörten ihn schon nicht mehr: sie sahen und rochen und hörten, als seien sie dabei gewesen, wie eine Gruppe von Steinzeitmenschen auf die Jagd ging. Sie schlichen durch das hohe Gras, spürten den Wind in ihren Haaren und hatten den Geruch der Tiere in der Nase. Sie freuten sich mit den Jägern über die erlegte Beute und liefen mit ihnen zurück zur Höhle. Und als sie schließlich am Feuer Platz nahmen und in die Flammen schauten, dauerte es nicht lange, bis Hatta einschlief. Isun dachte noch: „Morgen werde ich versuchen, nur mit zwei Stöcken Feuer zu machen...". Dann fielen auch ihm die Augen zu.

Handout – Trickfilmproduktion

Ausrüstung

- Digitale Filmkamera, Stativ, 2 Lampen
- Computer, Firewirekabel
- Bastelmaterialien (z.B. Tonpapier A2 oder A3, Knete, Zahnstocher, Draht, Stifte, Tesa, Kleber, kleine Figuren mit beweglichen Gelenken.....)

Programme

- MonkeyJam (kostenlose Freeware): http://www.giantscreamingrobotmonkeys.com/monkeyjam/download.html
- Filmschnittprogramm: z.B. Movie Maker (ist ab Windows 2000 bereits auf allen Rechnern vorhanden), Magix Video deluxe, iMovie....

Vorbereitung

- Entwicklung einer kleinen Geschichte, Entwurf eines Storyboards
- Basteln mehrerer Hintergründe für verschiedene Szenen und Einstellungsgrößen, Requisiten und Darsteller

    Wichtig: Darsteller sollten möglichst beweglich sein (einzelne Gliedmaßen, Knete...)/ Größenverhältnisse sollten beachtet werden/ große stabile Füße geben Halt, wenn die Figur stehen soll

- Kamera auf dem Stativ befestigen – entweder so, dass sie von oben auf die Szene blickt oder von vorne, wenn dreidimensional gearbeitet wird
- Lampen am besten rechts und links des Filmsets aufbauen

    Vorsicht: Schatten beachten/ Lampen eventuell einfach indirekt gegen eine weiße Wand oder eine Styroporplatte richten

- Einen Dateiordner auf dem Desktop oder bei „eigene Dateien" für das Projekt und die Einzelbilder einrichten.

Aufnahme

- Kamera via Firewirekabel mit dem Computer verbinden und den „Aufnahmemodus" an der Kamera einstellen.
- MonkeyJam auf dem Computer starten.
- Projekt speichern (file ➜ save as ➜ angelegten Ordner auswählen ➜ speichern).
- Jetzt die Anzahl der Bilder pro Sekunde einstellen (FPS = frames per second): Settings FPS ➜ 15 auswählen.
- Einen neuen Layer anlegen: Symbol ganz links klicken (create new exposure sheet), den richtigen Ordner auswählen, dann okay wählen.
- Kamerabild/Aufnahmemodus wählen: 3. Symbol von rechts (open video capture window).
- Einzelbildeinstellung: Image Held 3 (Programm nimmt dann drei identische Einzelbilder gleichzeitig auf)
- *Wichtig*: 15 Bilder benötigt man so für eine Sekunde fertigen Film, wenn man also drei Bilder gleichzeitig aufnimmt, bedeutet das, dass man fünf verschiedene Aufnahmen für eine Sekunde machen muss. (1x capture drücken = 3 Bilder)
- Für jede Aufnahme müssen die Figuren im Bewegungsfluss minimal verändert werden (je kleiner die Veränderung, umso feiner die Bewegung, ein bisschen probieren...)
- Verschiedene Einstellungsgrößen wählen (z.B. Totale = ganze Szene ist zu sehen, Nahaufnahmen bei Dialogen)

    Wichtig: Immer die Hände aus dem Bild, wenn aufgenommen wird und aufpassen, dass keine Bewegungsschatten zu sehen sind.

- Die Kamera darf während der Aufnahmen nicht bewegt werden (kein Zoom, kein Schwenk, nicht verstellen, sonst ruckelt das Bild).
- Wenn man zwischendurch die Aufnahmen anschauen bzw. checken möchte, muss der Preview Modus gewählt werden (zweites Symbol von rechts, dann auf den grauen Hintergrund klicken (click to render Preview).
- Soll jetzt weiter aufgenommen werden, unbedingt die Nummerierung anpassen und nicht auf überschreiben klicken.
- Wenn alle Bilder fertig aufgenommen wurden, muss der Film als **.avi** Datei exportiert werden, damit er im Filmschnittprogramm weiter bearbeitet und vertont werden kann.
- Dazu Symbol ganz rechts klicken (Export Exposure sheet as an AVI Movie)
- Größe einstellen, wie bei der Aufnahme (normal ist DV PAL: 720 x 576)
- Ordner auswählen
- Monkey Jam schließen, Filmschnittprogramm öffnen

Anleitung zum Schneiden mit MovieMaker

- Programm MovieMaker in der Dateiliste öffnen
- Datei ➔ Projekt speichern ➔ im angelegten Ordner abspeichern
- im Menubereich „Aufgaben" auf Video importieren gehen
- Ordner suchen, in dem das Video gespeichert ist, auf „importieren" klicken
- Video erscheint im weißen Feld
- Video mit linker Maustaste anklicken, Maustaste gedrückt halten und Video auf die oberste Spur unten auf die Zeitleiste ziehen
- Der blaue Strich ganz am Anfang der Zeitleiste ist beweglich und zeigt immer an, in welchem Teil des Films man sich befindet
- Zum Schnitt: Clip markieren, der geschnitten werden soll ➔ blauen Strich an die Stelle ziehen, an der geschnitten werden soll ➔ auf die Rasierklinge rechts unter dem kleinen Bildschirm klicken ➔ der Clip ist jetzt in zwei Teile geteilt ➔ wenn man jetzt noch einen Schnitt macht, kann man das Zwischenteil herausschneiden
- Zum Blenden: im Menubereich „Aufgaben" auf Videoübergänge anzeigen gehen ➔ passenden Effekt suchen, mit der Maus anklicken, gedrückt halten und auf den Schnitt ziehen, auf dem die Blende erscheinen soll ➔ eventuell rückgängig machen, wenn es doch ein anderer sein soll | zum einfachen Ineinanderblenden („weiche Blende") ohne Effekt einfach den zweiten Clip ein Stück weit in den ersten hineinziehen, so dass sie sich teilweise überlagern
- Titel / Abspann / Untertitel einfügen: im Menubereich „Aufgaben" auf Titel oder Nachspann erstellen gehen ➔ je nach Bedarf auf „am Anfang", „auf gewähltem Clip" etc. klicken ➔ Text eingeben und unter dem Textfeld Farbe, Schriftart etc. einstellen ➔ am Ende auf „Fertig, zum Film hinzufügen" klicken ➔ Titel wird automatisch an entsprechende Stelle gesetzt
- Zur Vertonung: bei Vertonung mit Musik im Menubereich Aufgaben auf Audio- und Musikdateien importieren gehen ➔ entsprechendes Lied aussuchen und importieren ➔ Lied erscheint im weißen Feld ➔ wie beim Video anklicken, linke Maustaste gedrückt halten und in die Zeitleiste auf der Spur „Audio und Musik" ablegen ➔ kann genauso geschnitten werden wie ein Videoclip ➔ bei Rechtsklick kann auch ein- und ausgeblendet bzw. stumm geschaltet werden
- Zur Vertonung: bei eigener Nachvertonung (Stimme) muss ein externes Mikrofon an den Computer angeschlossen werden (Kabel im kleine Klinke-Eingang einstecken, an dem ein Mikrofon abgebildet ist) ➔ in der Zeitleiste links oben auf das zweite Symbol von links (Mikrofon) klicken ➔ den Eingangspegel ganz hoch ziehen ➔ auf „Audiokommentar starten" klicken ➔ die Aufnahme beginnt sofort, während der Film parallel dazu im kleinen Bildschirm abläuft ➔ auch in angelegten Trickfilmordner abspeichern (Abfrage nach Speicherort kommt automatisch) ➔ Sprachdatei wird automatisch auf der Zeitleiste abgelegt ➔ kann wieder ganz normal geschnitten und hin- und herverschoben werden
- zum Abspeichern des Films: auf Datei ➔ Filmdatei speichern klicken ➔ weiter klicken ➔ Namen eingeben und in angelegten Ordner legen ➔ weiter klicken ➔ in weiteren Einstellungen muss „DV AVI-PAL" eingestellt sein ➔ noch mal weiter klicken

Wichtig: Musik und Geräusche sind beim Trickfilm ein wichtiges Ausdrucksmittel. Geräusche können selber aufgenommen werden oder im Internet auf gemafreien Seiten heruntergeladen werden (z.B. www.hoerspielbox.de)

Auch die Musik muss gemafrei sein, da die Filme vielleicht ins Internet kommen oder öffentlich vorgeführt werden. (z.B. www.jamendo.com).

Außerdem ist es möglich, den Film selbst zu synchronisieren, hier für muss ein Mikrofon an den Computer angeschlossen werden und im Menü des Schnittprogramms direkte Audioaufnahme gewählt werden. Alternativ kann ein externes Aufnahmegerät oder die Videokamera benutz werden, um Töne oder Sprache aufzunehmen. Diese lassen sich dann in das Videoschnittprogramm importieren

AutorInnenverzeichnis

Günther Anfang,
geb. 1952, Medienpädagoge. Leiter der Abteilung Praxis am JFF – Institut für Medienpädagogik in Forschung und Praxis, München.
Arbeitsschwerpunke: aktive Medienarbeit mit Kindern und Jugendlichen; zahlreiche medienpädagogische Veröffentlichungen.

Petra Best,
geb. 1962, Kommunikationswissenschaftlerin (M.A.).
Seit 2002 wissenschaftliche Mitarbeiterin am Deutschen Jugendinstitut (DJI).
Arbeitsgebiete: Kindlicher Spracherwerb, insbesondere mit Blick auf die Bedeutung der Sprache für die sozial-kommunikative Entwicklung, sprachpädagogische Interaktionsstrategien sowie Konzepte zur Verknüpfung von Sprachbildung und Sprachförderung mit Bildungsaufgaben des Elementarbereichs, im Besonderen mit medienpädagogischen Aktivitäten und Angeboten.
Von 2007 bis 2008 Beiratsmitglied des Projekts „erzählkultur".

Kathrin Demmler,
geb. 1974, Medienpädagogin.
Stellvertretende Direktorion des JFF – Institut für Medienpädagogik in Forschung und Praxis, München.
Arbeitsschwerpunkte: aktive Medienarbeit mit Kindern und Jugendlichen; zahlreiche medienpädagogische Veröffentlichungen.

Martin Ellrodt,
geb. 1966, Schauspieler, Puppenspieler und Geschichtenerzähler.
Dozent für die Kunst des Geschichtenerzählens an verschiedenen Universitäten und Fachhochschulen.
www.erzaehlen.de

Dr. Gudula List, Prof.a.D.,
geb. 1938, Psychologin.
Arbeitsschwerpunkte: Entwicklungs-, Kognitions- und Sozialpsychologie, insbesondere im Hinblick auf Sprachentwicklung, sprachliche Interaktion und Mehrsprachigkeit.

Klaus Lutz,
geb. 1961, Medienpädagoge.
Pädagogischer Leiter des Medienzentrum Parabol.
Medienfachberater für den Bezirk Mittelfranken.
Dozent an der Ohm-Hochschule in Nürnberg für den Bereich Medienpädagogik.

Prof. (em.) Dieter Spanhel,
geb. 1940.
Bis 2005 Lehrstuhl für Allg. Pädagogik an der Erziehungswissenschaftlichen Fakultät der Universität Erlangen-Nürnberg.
Arbeitsschwerpunkte: Theorie pädagogischen Handelns, Medienforschung, Medien in der Lehrerbildung, Medienerziehung.
Von 2007 bis 2008 Beiratsmitglied des Projekts „erzählkultur".

Kati Struckmeyer,
geb. 1980, Medienpädagogin.
Medienpädagogische Referentin im JFF - Institut für Medienpädagogik.
Schwerpunkt: Medienarbeit mit Kindern

Helga Theunert,
geb. 1951, Direktorin des JFF – Institut für Medienpädagogik in Forschung und Praxis, München (www.jff.de).
Professorin für Medienpädagogik am Institut für Kommunikations- und Medienwissenschaft der Universität Leipzig.
Mitherausgeberin der Zeitschrift merz | medien+erziehung (www.merz-zeitschrift.de).
Arbeitsschwerpunkte: Forschungen zu Medienaneignung von Kindern und Jugendlichen, Konzepte für die medienpädagogische Arbeit in Erziehungs- und Bildungsfeldern.